es 1686

edition suhrkamp

Neue Folge Band 686

Gegenwärtig finden in der Öffentlichkeit vor allem die Symptome Beachtung, die das offiziell propagierte Bild der »Wieder-Vereinigung« der beiden Teile Deutschlands widerlegen: hohe Arbeitslosigkeit, das Stasi-Unwesen. Deutlich wird an diesen, für sich bereits gravierenden Symptomen, daß die weitverbreitete Vorstellung, zwei Teile einer Nation, die eine 40 Jahre lang getrennte Entwicklung erlebten, könnten sich in einem kurzen Zeitraum bruchlos zusammenfügen, jede Entwicklung zu blockieren droht. Es gilt, so die These von Tilmann Moser, nicht nur die Trennung zwischen Bundesrepublik und DDR im Kopfe zu überwinden, sondern auch psychisch, in der eigenen Biographie. Denn, so lautet Tilmann Mosers Resümee seiner Reisen in die ehemalige DDR und seiner Gespräche, die Differenzen zwischen den Menschen in den »neuen Bundesländern« und der »alten« Bundesrepublik sind äußerst weitreichend: »Wir sprechen in vielen Bereichen nur noch scheinbar die gleiche Sprache.« Tilmann Moser hat als Psychoanalytiker wie als Journalist versucht, die Veränderungen wie die Mißverständnisse zwischen »Ossis« und »Wessis« wahrzunehmen und Möglichkeiten des Verstehens aufzuzeigen.

Tilmann Moser

Besuche bei Brüdern und Schwestern

Suhrkamp

edition suhrkamp 1686
Neue Folge Band 686
Erste Auflage 1992

Erstausgabe

Satz: Hümmer, Waldbüttelbrunn
Druck: Nomos Verlagsgesellschaft, Baden-Baden
Umschlagentwurf: Willy Fleckhaus
Printed in Germany

1 2 3 4 5 6 – 97 96 95 94 93 92

Inhalt

Vorwort

Der kränkende Blick von außen, die innere DDR und der Nazi-Vater

Ein aufwühlender Zufall, wenn es das gibt, führte im Dezember 1989 zur ersten Reise in die DDR, nach einer Pause von 27 Jahren. Damals heiratete ein Freund eine Braut von »drüben«, allerdings aus einer Familie, aus der die Hälfte der Kinder schon im Westen lebte, darunter die Auserwählte. Die geteilte Großfamilie der Elterngeneration bildete eine Klammer. Es war ein Fest in einer bürgerlichen Nische. Die Einladung war einmalig. Ich selbst hatte keine Verwandten drüben.

Die Atmosphäre der Durchquerungen der DDR zum späteren Studienort West-Berlin Ende der fünfziger Jahre war so düster, daß ich, wie so viele Westdeutsche, die DDR »aus den Augen verlor«. Die Eintagsbesuche in Ost-Berlin von West-Berlin aus galten dem Theater und den Museen, den billigen Büchern und dem leichten Gruseln beim Überschreiten der Grenze am Bahnhof Friedrichstraße. Die Kurzaufenthalte hatten bereits damals etwas vom Besuch bei ärmeren Geschwistern, die aus unerfindlichen Gründen für etwas bestraft und gefangengehalten wurden.

Erst im Rückblick wird mir deutlich, daß es *auch* ein studentisches Schmarotzen war, ermöglicht durch den Umtauschkurs. Es war ebenfalls ein seelisches Schmarotzen: der milde, aber regelmäßige Triumph, auf der richtigen Seite zu wohnen, das Mitleid, das Gruseln, die Erleichterung bei der Rückkehr, das Gefühl, das heute noch beschämende, einen Menschenzoo zu besuchen, dessen Bewohnern aber auf tausend Plakaten und aufdringlichen Spruchbändern eingehämmert wurde, daß sie etwas Gigantisches aufbauten. Beschämend auch im Rückblick der fast physiologische Antikommunismus, der sich an Gerüchen, Gerüchten, Bildern und Geräuschen mehr festmachte als an handfester Information.

Ich hatte keine menschlichen Kontakte nach drüben, und die FDJ-Agitatoren, die vor der FU-Mensa auftraten, wirkten wie aufgezogen. Einmal sprach Adenauer im Auditorium Maximum, und er reagierte auf Zwischenrufer von der Humboldtuniversität in Ost-Berlin wie einer, der sich unendlich überlegen weiß. Er sagte: »Auf Sie komme ich noch zurück«, in einem Ton, der versprach, er werde sie zu einem von ihm gewählten Zeitpunkt des Vortrags mit Argumenten erledigen. Sie verstummten daraufhin oder wurden vielleicht sogar aus dem Saal entfernt. Aber das Schlimme war: er kam gar nicht auf sie zurück, und das war wie ein Auslöschen.

Während der Wende saß ich oft mit Tränen in den Augen vor dem Fernsehen, wie so viele. Daß es mich so berührte, hatte weniger mit den konkreten Menschen zu tun, die drüben Kerzen vor sich hertrugen oder sich nach der Öffnung der Mauer von beiden Seiten her in die Arme fielen. Es ging um die Aufhebung innerer Trennungen und Spaltungen. Wie man halt so weint, wenn im Kino außergewöhnliche menschliche Dinge passieren: wenn Eingeschlossene gerettet werden, Getrennte sich wiederfinden, Erkrankte genesen, Angeklagte freigesprochen werden. Gefühle sind anstekkend, selbst über den Bildschirm. Und doch hatten die Tränen ebenso mit der realen Geschichte des geteilten Volkes zu tun wie mit abgespaltenen inneren Teilen der Seele. Das Aufwühlende war diese Parallele: daß historische Vorgänge wie Kino wirkten und innerseelische Prozesse als geschichtlicher Augenblick aufgeführt wurden. Jedenfalls war eine noch dumpfe Bereitschaft zum Engagement geweckt, weil zum erstenmal in meiner provinziellen westdeutschen Lebensgeschichte sich seelische Erfahrung mit wirklicher Geschichte mischte. Und alles so unverhofft, daß für diese Mischung aus Historie, emotionalem Rausch, echtem Glück und Kitsch keinerlei seelische Kategorien bereitlagen und ich mich an das verkürzte Goethewort hielt: »Und ihr könnt sagen, ihr seid dabeigewesen«, das nun auf noch unklare Weise auch auf mich zutraf.

Dann kam die Anfrage von der Redaktion der Zeitschrift GEO, die mit einem Sonderheft DDR rasch am Markt sein wollte und eine Reihe von Berichterstattern losschickte zu spezifischen Themen, mich fürs »Psychische«. So begann die erste Erkundungsreise kurz nach Weihnachten 1989 in Berlin, mit erstem Standquartier in einem Westberliner Nobelhotel und einer vorbereiteten Adressenliste für Interviews im Osten der Stadt. Es war eine Reise aus dem Luxus in den Braunkohlengeruch, mit sich verirrenden Taxifahrern und einer Atmosphäre zwischen Irrealität und täglicher Fragmentierung der Erfahrung. Später wohnte ich dann bei den neu gewonnenen Freunden oder der altvertrauten Großfamilie. Es ging nicht nur mir so, daß die journalistischen Erkundungsreisen etwas von ethnologischer Exkursion zu einem verwandten, aber sehr fremden Stamm hatten: statt Glasperlen Kaffeepakete und Bücher in der Tasche, und Fragen von oft ahnungsloser Unbeholfenheit.

Das spätere Wort von der Kolonialisierung hat nicht nur eine ökonomische Basis, sondern auch eine sprachlich-ideologische. Es ging am Anfang wirklich darum, eine Sprache für die eigene Neugier zu finden und eine Atmosphäre zu konstellieren, die die Gespräche zum Fließen brachten. Es hilft nichts, diese anfängliche Befangenheit schon wieder zu vergessen. Ich fühlte mich auf eine abenteuerliche Weise im Vorteil, mit dem riesigen Geschenk einer gutbezahlten Interviewreise versehen, für ein Hochglanzblatt, das die Interviewten blendete und den Gesprächen – für manche Partner war es das erste Gespräch mit Wessis oder gar mit westlichen Journalisten – manchmal einen fast offiziösen Charakter gab. In dieser Konstellation wurde mir deutlich, was es für Menschen in Triumph, Not und Umbruch heißen kann: einen Zeugen haben, der nicht dazugehört, von außen kommt und noch nicht verstrickt ist. Denn manche Gesprächspartner erzählten, als hätte ihnen noch nie jemand zugehört; als würden nun Erfahrungen und Gedanken hörbar, die bisher verborgen waren. Und obwohl dieses Pathos fast lächerlich klingen mag für Menschen, die schon früher, als Verwandte, Journalisten oder Geschäftsleute und Politiker, häufiger drüben waren, so behalte ich die so glückliche wie befangene Erregung doch in Erinnerung und bekenne mich dazu.

Inzwischen sind Zehntausende von Westdeutschen drüben gewesen, nicht nur zu Besuch, sondern zu Arbeit und Geschäft, so daß es scheinen könnte, Reiseeindrücke seien überflüssig angesichts der von hauptberuflichen Beobachtern vermittelten und angesichts der viel intensiveren täglichen Erfahrung durch die Profis der Vereinigung. Aber in den neugierigen, nicht-professionellen Besuchsreisen und ihrer Verarbeitung mag sich etwas spiegeln, was nur in diesem Arrangement oder diesem »Setting«, um einen Begriff aus der Sprache meines Berufs zu gebrauchen, sichtbar wird, wenn es eben noch nicht Alltag geworden, sondern noch Reisebericht ist. Die Perspektiven haben sich ohnehin bei jeder der sieben etwa einwöchigen Reisen bis März 1991 verändert, unter anderem dadurch, daß sich aus Interviewbegegnungen Beziehungen entwickelt haben, die sich verändern und vertiefen und die nicht mehr die Position des unbeteiligten Zuschauers erlauben.

Von Beruf bin ich Psychotherapeut, aber ich habe drüben keine therapeutischen Gespräche geführt. Am liebsten würde ich sie politisch-mitmenschlich nennen, später dann freundschaftlich. Dennoch mag mir mein berufliches Training geholfen haben, die Gespräche zum Biographischen hin zu vertiefen. Die sogenannte Gegenübertragung, also die Gefühle, die in einem therapeutischen Arrangement der Patient zwangsläufig im Analytiker weckt und die dieser zu Diagnose und Intervention nutzt, waren auch im politisch-menschlichen Interview immer da, aber in ganz anderer Weise. Sie waren nicht wirksam im Sinne einer unbewußten Übertragung von seelischem Konfliktmaterial und ihrer Beantwortung im Therapeuten. Sondern es ergab sich oft eine sehr bewußt erlebbare »politische Gegenübertragung« oder seelische Rückwirkung auf den Interviewer innerhalb der aufgewühlten historischen Umbruchs-Szene, die fast immer emotional sehr geladen war.

Das Gefühl, »im Vorteil« zu sein, habe ich bereits benannt. Es konnte sich aber auch umkehren in Richtung Staunen und Neid bei mir, nämlich auf die Intensität der historischen Erfahrungen der Gesprächspartner, auf ihren Beitrag zur Wende, ihren existentiellen Ernst, die viel anstrengenderen Formen der täglichen wie der geschichtlichen Lebensbewältigung. Umgekehrt waren natürlich auch *ihr* sozialer oder politischer Neid zu spüren, die Unsicherheit, das Bedürfnis nach Rechtfertigung wie nach Klage oder intensiver Anklage, je nach dem politischen Ort des Gesprächspartners.

Mit politischer Gegenübertragung meine ich die Gefühle, die zwangsläufig induziert werden bei Begegnungen, die durch eine hohe Unterschiedlichkeit der Standpunkte und Standorte gekennzeichnet sind, besonders dann, wenn die Unterschiede ideologisch-kämpferisch waren, oder Unterschiede in den Lebenschancen, die aber untrennbar von der ideologisch-politischen Differenz sind. Und es läßt sich nicht verschweigen, daß die Gespräche mit wechselnder Intensität durchdrungen waren von Fragen der historischen Wertigkeit der Systeme, von politischer Moral, von Rivalitäten in der Bewertung der historischen Stunde, und von plötzlich aufflammenden Identifikationen mit dem jeweils eigenen System, von Mitleid, passagerem Haß, Triumph, Schuldgefühl, Schadenfreude, Neugier. Ich spürte auch Bewunderung für die, die sich widersetzt hatten oder Nachteile in Kauf nahmen, also für Menschen, die mehr politisches Format bewiesen hatten, als ich mir es selbst zutrauen mochte unter vergleichbaren Umständen.

Die Texte sind von einem Westdeutschen für Westdeutsche geschrieben, mit dem Ziel, die unmittelbaren Eindrücke zu analysieren und für Verständnis und Engagement zu werben, aber auch in der Hoffnung, Ostdeutsche könnten spüren, daß Einfühlung und Verständnis angestrebt werden und manchmal auch möglich sind trotz der von vielen beklagten Arroganz der Wessis, der Panikmache mancher Zeitungen oder den geschäftstüchtig ausgebeuteten und genährten Ressentiments von Blättern wie *Super* oder *Super-Illu.*

Manche Texte habe ich mit Bangen nach drüben geschickt, weil ich die Reaktionen nicht abschätzen konnte. Allein schon die distanzierende Beschreibung dessen, was ich gesehen und gehört hatte, kann kränkend sein. Es ist die Sicht von außen, die verletzt, auch wenn Dinge, die von Freunden mitgeteilt wurden, nur von einem Westdeutschen wiederholt und ausgesprochen werden. Die Sensibilität ist drüben, nicht ohne Grund, riesig, und bei einem einzigen falschen Ton kann ein plötzliches Schweigen oder ein bemühtes Drüber-Wegreden einem anzeigen, daß man beim Versuch, ein Fettnäpfchen zu vermeiden, in ein größeres umgestiegen ist.

Der Stasi-Offizier, mit dem ich lange Gespräche

führte, hat nicht mehr geantwortet, als ich ihm den Aufsatz im *Plateau* schickte. Aber vielleicht ist es ihm nur zu ungewohnt, in den Westen zu schreiben, und wir können die Gespräche doch fortsetzen, wenn ich wieder in seine Stadt komme.

Über manche Formulierungen konnte es mit Freunden drüben zu langen Gesprächen und auch zum Streit kommen. Mir ist deutlich geworden, wie weit auseinander die Lebensläufe und die Perspektiven liegen. Ich will mich also bei den Gesprächspartnern »drüben« nicht allgemein entschuldigen für die zwangsläufige Kränkung, von außen betrachtet und beschrieben zu werden, sondern nur für Verletzungen aus Unachtsamkeit. Aber in einem Fall reiste ich weit, um für eine Verletzung Abbitte zu leisten, die durch eine politisch zweideutige journalistische Pointe zustande kam, die tiefer traf, als ich es ahnen konnte.

Wenn der Berichterstatter, der verstehen und weniger urteilen will, sich nicht verhärtet in einer in sich geschlossenen Perspektive, so muß er sich eingestehen, daß es einen fixen Standpunkt bei solchen Reisen nicht geben kann, ja, daß er manchmal regelrecht taumelt. Die seelischen Vorgänge bei Gesprächen über so tiefe Gräben hinweg wirken auch auf den Beobachter zurück: er wird verändert, gerät unter Druck, wehrt sich, fühlt sich ein, spürt wieder Abstoßung, Zweifel, Mitleid, große Sympathie, Nähe oder unvermittelt auch wieder Wut oder Abscheu. Schließlich sagt er sich: ohne wechselnde Perspektiven und sich verändernde Identifikationen geht es nicht, und manchmal hilft auch nur die Feststellung: wir verstehen uns nicht, oder wir bleiben uns fremd, oder: wir trennen uns in Wut, obwohl wir wissen, daß wir einander gesucht haben.

Nach solchen hilflosen Trennungen meldet sich dann Trauer, die man, nach guten Gesprächen, natürlich auch gemeinsam spüren kann und die sich in vorläufigen Wendungen formulieren ließen: »Unsere Wege waren sehr sehr verschieden; wir hatten über Jahrzehnte jede Verbindung verloren, und dies nicht nur von Person zu Person, sondern auch von Volksteil zu Volksteil; und wir haben die verlorene Verbindung auch noch ideologisch überhöht und gerechtfertigt.«

Schwieriger ist die Trauer zu ertragen, wenn sie einsam bleibt, auf beiden Seiten, und wenn noch nicht gemeinsam spürbar wird, was die reale oder die innere Mauer oder der Kalte Krieg oder der Zweite Weltkrieg oder Hitler und Stalin uns angetan haben; wie und wo wir mitschuldig wurden; und wo wir in Identifizierungen geschlüpft sind, die hinter der politischen auch menschliche Gegnerschaft entstehen ließen. Man spürt es an den unvermittelt hochschießenden kollektiven Feindbildern, denen wir plötzlich personifiziert zu begegnen glauben.

Verstehen, Bereicherung und Wachstum, das sind die Geschenke, die ich für mich von den Reisen mitgebracht habe, neben den Gedanken und Beobachtungen, die uns als Westdeutsche und »die Anderen drüben« betreffen. In der Hauptsache, so würde ich sagen, sind es Eindrücke über ein ursprünglich vielleicht von vielen idealistisch gemeintes politisches Experiment und seine Wirkungen auf die Menschen, die ihm unterworfen waren oder die es getragen haben. Die Folgen des mißbrauchten Idealismus haben mich am stärksten berührt, und sie hinterlassen vielleicht auch die größte Bitterkeit in den Mißbrauchten. Die Einsichten über uns im Westen und unseren Anteil an der Nachkriegsgeschichte und den Spaltungen sind in diesen Texten noch spärlich, obwohl sie von drüben zu Recht angemahnt werden.

Noch bevor ich zum erstenmal im Winter 1989 hinüberfuhr, sammelte ich, angesichts der emotionalen Erregung, die mich schon bei der Planung der Reise überkam, Einfälle, um die Ursachen zu begreifen. Schließlich kam ich auf einen Sachverhalt, den ich meine eigene »innere DDR« nannte. Damit ist gemeint, daß ich bestimmte totalitäre Züge von Mißtrauen, Kontrolle, Überwachung, Kontaktverbot, Machtmißbrauch, Zwang zu Verrat und Opportunismus, Spaltung und ideologische Starre aus meiner Familie kannte, bei aller Fürsorge, stolz getragener Armut, sozialer Isolierung und Selbstzweifel.

Und ich kannte die Rede- und Frageverbote über das Leben der Familie in der nationalsozialistischen Diktatur. Ich erinnerte mich an die Flüchtlingstransporte, die unangekündigt auf dem Dorfplatz ankamen, Menschen aus völlig anderen Lebensverhältnissen und politischen Vorerfahrungen, die es zu betreuen galt. Die Eltern haben vielleicht einiges abzuarbeiten versucht, jedenfalls waren sie rastlos und unermüdlich im Umgang mit den Flüchtlingen und halfen ihnen, so gut sie konnten, allmählich heimisch zu werden. Für das Kind in mir war es eine die Familie verändernde, im ganzen aber unverstandene riesige Aufgabe, deren Ursprung und fordernde Bedeutung rätselhaft blieb. Vielleicht erhoffe ich heute das nachträgliche Verstehen eines historischen Vorgangs von ähnlichen Dimensionen. Auf jeden Fall ist es ein Versuch, ein Stück Geschichte mit meinen unbeantworteten Kinderfragen *und* mit meinen erwachsenen beruflichen Mitteln und Fragestellungen zu begreifen.

Vom Umgang mit Wut, Scham, Trauer, Angst und Verwirrung

Erster Treff mit einem im August noch unter Gefahren in den Westen getürmten DDR-Filmemacher. Ein Café am Alexanderplatz. Wir sitzen so eingezwängt, daß wir uns kaum unterhalten können. Ich erspähe, drei Meter weiter, einen frei werdenden Tisch und schlage vor, umzuziehen. Wir haben aber schon bestellt. Der DDR-Kundige schüttelt den Kopf: »Das geht schief«, läßt mich aber entscheiden. In der Tat gibt es kurz darauf eine Rüge – und den Kaffee erst, nachdem wir uns mehrfach entschuldigt haben. Ich fühle mich wie ein Schulbub, der sich schwer danebenbenommen und außerdem seiner Mama, der Kellnerin, ernste Sorgen gemacht hat. Einige Umsitzende schütteln mißbilligend den Kopf.

Wenn ich Gesprächspartnern in der DDR meine These vortrug, sie seien ein »Volk von Gedemütigten und Entrechteten«, und sie nach ihrer Meinung oder ihrem Gefühl befragte, entstand meist beklommenes Schweigen, dann Kopfschütteln. Das Schweigen war auf beiden Seiten beredt, dicht, unangenehm, vielschichtig. Ich fürchtete jedesmal, ich könnte sie verletzt, beleidigt, mißverstanden, erneut gekränkt haben. Sie wehrten sich gegen diese Globaldiagnose »gedemütigt und entrechtet«, erklärten sie zu einer verzerrten »Außenansicht«, betonten die Grade ihrer Freiheit, ihres Stolzes und ihres relativen Sicherheitsgefühls. Doch wenn ich ihnen dann einige Beispiele für die täglichen Demütigungen und Übergriffe auf Ämtern, durch Stasi und Polizei, am Arbeitsplatz nannte, brachen die Schleusen.

Es öffnete sich ein anderes Erinnerungssystem. Ich war nicht mehr der Angreifer aus dem Westen, den sie, in Sekundenbruchteilen, bei den wuchtigen Worten als moralischen Ankläger witterten. Sondern ein Mensch, der mitzuempfinden versuchte, wie man sich fühlen mochte mit den inneren Giftmülldeponien der alltäglichen Verletzungen. Denn diesen Verletzungen entging in der DDR keiner, ob er nun im Zentrum des Systems stand oder weit draußen am Rand. Die obersten Spitzen konnten nur das, was sie selbst erlitten hatten, sei es unter Hitler oder Stalin oder später unter Ulbricht, besser heimzahlen.

Ein paar Beispiele.

Der künstlerische Leiter eines führenden Berliner Theaters rühmte bei unserem Gespräch in den Katakomben des Theatercasinos seinen künstlerischen Freiraum. Aber dann fielen ihm die plötzlichen Absetzungen von Inszenierungen ein, das abrupte Ende von wochen- und monatelangen Proben, nur weil der Kulturminister oder einer im Politbüro Angst bekommen hatte. Denn jede Aufführung mußte genehmigt werden. Und plötzlich konnte der Minister nicht mehr zu seinem Wort stehen, weil er glaubte, die Windrichtung habe sich gedreht (das war dessen Demütigung: das ständige Achten auf die Windrichtung). Dann war der Minister froh, daß er seine Erlaubnis für das neue Stück nur telefonisch gegeben hatte und das Ganze zu einem

Mißverständnis erklären konnte. Und der Theaterleiter mußte sein Ensemble wieder einmal zum gemeinsamen Krötenverzehr versammeln.

Er ist ein sehr sympathischer, lebendiger Mann, und dennoch wusch er sich beim Gespräch pantomimisch dauernd die Hände und fuhr sich waschend übers Gesicht, und dahinter kamen stets neue Schichten zum Vorschein, immer spontaner, immer lebendiger. Er sieht sich als Kämpfer um Freiräume, um die »moralische Anstalt«, als die er sein Theater versteht. Und nun taumelt er, wie viele, im politisch leeren Raum, weil es den großen, den täglichen Gegner nicht mehr zu geben scheint: jene schlimm-gute Mutter Partei (nebst dem lächerlichen Gatten Staat), die einen kujonierte und auch ernährte und mit der man liebe- und haßerfüllt verschmolzen war. Das Krötenschlucken war geübt; besser fuhr, wer es nicht mehr spürte. Aber wenn ich einen Gesprächspartner darauf hinwies, dann kamen, nach der kurzen Wut auf den Provokateur, rasch die vielen unterdrückten Schmerzenslaute. Selbst bei einem so privilegierten Künstler wie dem Theatermann.

Ein anderes Beispiel: ein Beamter aus dem Außenministerium, Experte im internationalen Arbeitsrecht und »Reisekader«, also durch und durch auf Zuverlässigkeit geprüft. Die Urkränkung, einige Jahre zurückliegend: Wegen einer »höheren Orts« als massiv empfundenen ideologischen Unzuverlässigkeit wird ihm auf einer öffentlichen Parteiversammlung das »Bonbon«, das Parteiabzeichen, abgenommen. Die Steigerung des Traumas: Auch befreundete Kollegen applaudieren dieser Demütigung. Die weitere Steigerung: Einige wirkliche Freunde entziehen sich dem geforderten Applaus und werden später zum Verhör abgeführt. Selbst die natürlichste Regung menschlicher Solidarität – zur öffentlichen Demütigung nicht auch noch zu klatschen – konnte existenzgefährdend sein: Die dumpfen Parteischarfmacher unterschieden ja nicht zwischen spontanem menschlichen Anstand und dem Verdacht, die nicht Applaudierenden seien ein Kreis von konterrevolutionären Verschwörern.

Die öffentliche Degradierung, die Verwarnung, der Zwang zur Selbstkritik, der als Beschämung inszenierte Entzug von Privilegien: all dies gehörte in der Partei, aber auch in Schule, Universität und am Arbeitsplatz zu einem ausgeklügelten System von Demütigungen, die nicht nur den einen trafen, sondern alle, die zur Zeugenschaft gezwungen waren. Auch Monate nach der Wende sprach keiner meiner Interviewpartner in der Vergangenheitsform, so gegenwärtig war noch alles.

Schon allein die infantilisierenden Vernehmungen, die auf diese – unzähligen – Situationen folgen konnten oder ihnen vorausgingen, schlugen sich nieder im psychosomatisch wirksamen Pool der Verletzungen. Der Arbeitsrechtler wirkte, und ich schreibe es mit der persönlichen Sympathie dessen, der ihn über viele Stunden im privaten Kreis erlebte, »ausgebrannt«; ich wünsche ihm eine mehrmonatige Rekonvaleszenz, ohne Angst vor dem nächsten Nackenschlag.

Die Zeit für Rekonvaleszenz scheint ja gekommen,

falls sie, und bei vielen bezweifelt man das, noch greift. Oder falls die Menschen genug Zeit dafür haben, ehe sich viele, verbogen wie sie sind, in neue Unterordnungen begeben, ohne den Rücken ein einziges Mal aufgerichtet zu haben. Denn das Zeichen für die echten Wendehälse ist ja dies: Sie sind gar nicht erschüttert, sie sind nicht ausgebrannt, weil es nicht viel zu verbrennen gab. Sie tauschen rascher als die Ratlosen und Verwirrten ihre Programmchips aus. Und dies vertieft erst recht die Demütigung für all jene, die einst wirklich ans sozialistische Ideal »glaubten« oder aber, und sei es in noch so kleinem Rahmen, Widerstand leisteten.

Noch ein Beispiel: ein höherer Gewerkschafts-Kader, zuständig für Auslandskontakte und oft mit dem inzwischen verhafteten FDGB-Vorsitzenden Harry Tisch unterwegs. Er ist von fröhlicher Ratlosigkeit, weiß nicht, ob seine Organisation überlebt, ob sein Arbeitsplatz erhalten bleibt. Die älteste Tochter stellte vor einigen Jahren einen Ausreiseantrag. Das bedeutete für beide Eltern sofortige Meldepflicht im Betrieb und bei ihren politisch sensiblen Posten – die Frau ist Chefsekretärin – eigentlich Arbeitsplatzverlust oder zumindest fühlbare Zurückstufung. Die Sofortbedingung: Abbruch der Beziehung zur Tochter, die noch für weitere vier Jahre um die Ecke wohnte. Dafür als Belohnung: Erhalt des Arbeitsplatzes.

Beides waren im Grunde feudale Gunstbeweise, welche die Bindung an Partei und Vorgesetzte vertieften und einen gefügiger machten. Als ich fragte, wie man solche Dinge als loyales Parteimitglied seelisch verarbeitet, wurde die Frau blaß, stand auf und kam erst nach ein paar Minuten wieder. Der Mann sagte: »Wir haben es überstanden. Gleich kommen unsere Kinder aus Hamburg. Es war schon schlimm. Vor allem für meine Frau.«

Auf meiner Interviewreise in die DDR, die mir wie eine aufwühlende, erschöpfende ethno-psychologische Expedition vorkam, hatte ich eine sachkundige Begleiterin: eine Psychotherapeutin. Wir konnten uns als Interview-Team ganz »aufmachen«, konnten die sonst im Umgang mit seelisch Kranken geübte Sensibilität auch auf der psychosomatischen Ebene zulassen. Abends waren wir überschwemmt von Gefühlen der Verwirrung, Angst, Erregung, Wut und Häme, von Mitleid, Mißtrauen, euphorischen Ausbrüchen, von Liebesgefühlen für die da drüben, dann wieder abgestoßen, nicht nur von den Lebensbedingungen, sondern auch vom moralischen Klima, von der Mischung aus Unterwürfigkeit und heimlicher Arroganz der Leidenden, ja vom Triumph der DDR-Ärmlichkeit über den Fluch des BRD-»Konsumismus«.

Wir trafen auch Menschen, die aus »antifaschistischem Uradel« stammten, deren Eltern in NS-Zuchthäusern und KZs gelitten hatten und die ihre Kindheit inmitten dieser Prominenz verbrachten. Diese Söhne und Töchter brauchten lange, bis sie begriffen, daß auch sie ideologischer Verdächtigung ausgesetzt sein konnten, daß die Welle der Demütigungen und des Fallenstellens auch zu ihnen schwappte. Ein knapp 60jähriger Schlosser, Sohn einer 1943 verhafteten Altkommunistin, wurde in den fünfziger Jahren Opfer seiner drängenden Fragen, warum die Vorarbeiter der Kollektive nicht von den Arbeitern selbst gewählt würden. Da er Kind eines prominenten NS-Opfers war, unterhielt sich ein »Freund« der Familie mehrere Male mit ihm. Der Schlosser verwechselte dies mit väterlichem Interesse an seinem selbständigen Denken, bis er den Betrug des Aushorchens fassungslos bemerkte. Die Partei drängte ihn nach und nach aus ihren Reihen, und bei weiteren Rückfragen stellte man ihm »Bewährung« im Bergbau in Aussicht.

Je mehr Gespräche wir führten, desto deutlicher enthüllte sich uns die alltägliche Demütigung, dieses kunstvoll eingesetzte Prinzip zur Korrumpierung und Gefügigmachung der Menschen, dieser universelle Kreislauf der Erniedrigung. Wenn man sich den Blick schärft für die körperlichen Folgen dieser Tortur, dann findet man sie in den Gesichtern selbst der höchsten Parteikader: den aggressiven, unterwürfigen Blick, mal lauernd, mal ohnmächtig wütend und doch um Schonung flehend; die tiefen Gesichtseinkerbungen um Mund und Augen, Spuren der Giftkröten, die jeder schlucken mußte. Das kann nicht Feigheit und Fehlverhalten entschuldigen, es macht einem nur den Kreislauf des Drohens und Erpressens, des Korrumpierens und Heimzahlens nachvollziehbarer.

So wie die Verwüstungen der DDR-Natur erst allmählich ans Licht kommen, weil sie lange Staatsgeheimnis waren, so kommen die seelischen Verwüstungen auch jetzt erst zutage: die depravierenden Flurschäden der Gängelung, Einschüchterung und Lüge unter dem guten Stern des Sozialismus, der so viel Idealismus und loyale Mitarbeit zu mobilisieren verstand.

Und wie sich dieses Ideal gehalten hat! Es leuchtet bei manchen noch heute aus Urtiefen heraus, selbst wenn sich ganze Schichten von Abraum und Giftschlamm der Erniedrigung darübergelegt haben. Der Sozialismus, das war für so viele die Grubenlaterne im verschütteten Stollen. Noch die zögerliche und dann eingestellte Entstalinisierung durch Chruschtschow war zunächst so etwas wie der Beginn der Generalreinigung einer trotz der Perversion unverbrauchten Idee, an die man sich klammern konnte. Sie wußten ja nicht, daß die Idee von Stalin schon totgeschunden war, als sie sie 1945 verordnet bekamen.

Doch dann der Prager Frühling. Die hinuntergewürgte Empörung über die Niederschlagung mit Hilfe der eigenen Armee. Die erzwungenen Jubelfeiern, vergleichbar dem Aufessen von Erbrochenem. Und heute der schlimmste Gedanke: All jene, die bis zuletzt zum Aufbruch in den Sozialismus bliesen, glaubten selbst nicht mehr an ihn. Der Plan von Erich Honecker, das eigene Volk »flächendeckend« zu bespitzeln, spricht dafür. Dieses Phänomen gleicht dem schrecklichen Erwachen von Kindern, die merken, daß ihre Eltern Zyniker sind, die den Idealismus und die Loyalität der Kinder nur noch nutzen, um Abgrund und Leere zu verdecken.

Aus der psychoanalytischen Praxis waren uns die »ekklesiogenen« Neurosen vertraut, seelische Störungen, wie sie manchmal unter Strenggläubigen vorkommen. Deshalb fragten wir: Gibt es spezielle DDR-Neurosen, hervorgerufen durch die besonderen Bedingungen früher Indoktrination, Persönlichkeitsspaltung und

Angst? Nach dem ersten Schock auf diese provozierende Frage strömten die Antworten: die vielen Ausfälle, Verbiegungen, Erschöpfungszustände, Schlafstörungen und Alkoholprobleme. Die kleinen Fluchten ins Private, in die Datschen, die abgeschirmten Idyllen.

All diese Störungen haben noch gar keinen Namen, weil selbst unsere Fachkollegen sich diesem Problem bisher nicht ausdrücklich gestellt hatten. Doch zugleich erzählten uns DDR-Therapeuten von Scharen depressiver Genossen, die jetzt, nach jahrelangem Kampf gegen die dekadente westliche Psychotherapie, in die wenigen Praxen und Beratungsstellen kommen: ausgebrannte Figuren oft, die nach dem Ende von Ideologie und Macht zusammenfallen und jetzt auf Rente statt Rache hoffen.

Herz- und Magenkrankheiten, Schlafstörungen und Erschöpfungszustände waren seit Jahren die meistgenannten Diagnosen der DDR-Psychosomatiker. Doch wie konnten unsere Kollegen die durch politischen Druck erzeugten Störungen therapieren, ohne auf deren politische Ursachen einzugehen? Dieses war die einzige Frage, auf die wir während unserer Reise keine zureichende Antwort erhielten. Man kann sich das als westlicher Psychoanalytiker kaum vorstellen: Der Therapeut ahnt oder weiß, daß die seelischen oder psychosomatischen Störungen, von Vorbelastungen der Kindheit abgesehen, aus dem Streß einer quälend widersprüchlichen und demütigenden Situation stammen. Aber er darf sie nicht erforschen, nicht einmal thematisieren, schon gar nicht an Veränderungen durch aufdeckende Therapie denken. Bei dieser Frage reichten selbst unsere stundenlangen persönlichen Gespräche mit den Kollegen nicht aus: Das ging an die Substanz.

Die meisten Gesprächspartner, bis hin zum neugewählten Stellvertretenden Chefredakteur des *Neuen Deutschland*, fühlten sich als Opfer, obwohl wir westliche Besucher sie eher auf seiten der Täter, der Mittäter, der Rechtfertiger oder Beschwichtiger sahen. Hier stößt man auf Paradoxien, über die man lange grübeln kann. Jedenfalls lassen sich Opfer und Täter längst nicht so sauber und objektiv trennen, wie sich das mancher vielleicht wünscht.

Aber da wir alle Vorwürfe unterließen, wurde nach einigen Stunden die Frage nach der Mitschuld von unseren Partnern selbst gestellt, aus eigenem Antrieb. Daß man nicht viel tun konnte, ist heute allgemein bekannt. Aber über wieviel einer hinwegsah, darüber ist nur im stillen Kämmerlein oder im anklagefreien Gespräch zu befinden. Ein Beispiel: Ein Universitätsdozent rückt zu später Stunde damit heraus, wie sehr es ihn heute noch quält, daß er eine der typisch entwürdigenden Szenen mit zusammengepreßten Lippen mitmachte. Ein Student, der sich traute, eine abrupte Weisung über die Änderung des Studienplans zu hinterfragen, wurde auf Druck der Partei öffentlich seines Studienplatzes beraubt und »zur Bewährung« in den Bergbau geschickt. Da war sie wieder: die Gratisrepression, öffentlich vollzogen.

Familie und Freunde haben bei vielen das Schlimmste verhütet, die totale Charaktererosion. Wir sind auf viel Gelächter gestoßen, befreiendes und befreites, aber auch satirisches, groteskes, bissiges und humorvolles. Die hohe Zahl der Ehescheidungen ist zwar wohl auch damit zu erklären, daß die Ehepartner oft einander gar nicht so viel »Entschädigung«, Reparatur, Ausgleich und Geborgenheit bieten konnten, wie sie der Mensch braucht, um solchen Druck seelisch zu überleben. Doch im Familien- und engsten Freundeskreis ließ sich die Mehrfachwahrheit, mit der man leben mußte, wenigstens aushalten, sogar einüben.

Das menschliche Gemüt erträgt, wenn es nur früh genug daran gewöhnt wird, mehr Spaltung, auch fundamentaler Art, als ich es mir je hatte vorstellen können. Bereits die Schüler lernten Doppelzüngigkeit und ideologische Dialekte, als paukten sie eine Fremdsprache. Die moralische und ideologische Mehrsprachigkeit wurde zur allgemeinen Praxis, das Schizophrene war alltäglich – ohne daß in jedem Fall die individuelle Psyche geschädigt schien. Alles war eine Frage der Gewöhnung. Psychopathologisch spricht man in solchen Fällen zwar von »multiplen Persönlichkeiten«, also von Krankheitsbildern, doch da sie in der DDR der vorherrschende Sozialtypus waren, wirkten sie gar nicht auffällig oder abseitig.

Hinter der Angst vor dem »Ausverkauf« der DDR steckt, auf der individualpsychischen Ebene, eben auch das sichere Gespür, daß die eigene Seele nach einigen Jahrzehnten SED-Sozialismus, egal an welchem Platz man ihn mitgelenkt oder erlitten hat, nur nach sehr eingeschränkten und spezifischen Mechanismen funktioniert; daß Leerstellen da sind, Zonen instabiler Identität, Zonen von Sehnsucht und Korrumpierbarkeit, von Unsicherheit, abgewehrter Angst und Schuld, von Scham und Trauer, von hinuntergeschlucktem Zorn und dumpfem Groll. Von der Verklärung der Armut und des erlittenen Unrechts läßt sich nicht lange leben.

Doch auch Zukunftswillen, Trotz, Initiative und anderes mehr ist von vielen Gesichtern abzulesen. Wer ein paar von den Demonstrationen oder Besetzungen mitgemacht hat, oder, schon Monate zuvor, die kirchlichen Diskussionsabende und Protestzüge, der hat auch innere Mauern umgestürzt. Es ist am Augenausdruck zu erkennen, an der mühsam erlernten Unbekümmertheit, an der Zuversicht, daß die Angst nicht wiederkehren wird. Der Stolz auf die eigene Person kehrt dabei zurück. Solidarische Wut, Aktionen gegen die Stasi, Aktensichern, Protest, Handzettelverteilen und vieles mehr: Das sind die kollektiven Therapien gegen die politische Deformation der »Massen«, wie sie unter dem alten Regime liebevoll-verächtlich hießen, weil sie als unendlich knetbar galten.

Wir sprechen in vielen Bereichen nur noch scheinbar die gleiche Sprache. Viele gleich erscheinende Begriffe bezeichnen tatsächlich unterschiedliche Sachverhalte, vor allem aber unterschiedliche Erfahrungen und emotionale Einstellungen. Es ist wichtig, das Sprechen miteinander zu lernen, und auf unserer Seite vor allem: das Zuhören. Hört man geduldig zu, dann erschließt sich etwas Kostbares: Diffuse oder zum Überleben auseinandergespaltene Persönlichkeiten fügen sich zögernd zusammen und finden zu einer fast verlorenen menschlichen und moralischen Ganzheit zurück.

In diesem Prozeß liegt eine Chance, die unser Teil des Volkes nach 1945 nicht genutzt hat: sich zurechtzufinden ohne allzu rasches Umschalten auf Überleben, Wirtschaften und Vergessen. Auch in unserem westdeutschen Seelenuntergrund liegen Kollektivneurosen: die des Schweigens in den Familien zum Beispiel, der Verdrängung, des Verleugnens, der ausgefallenen Trauer und Scham.

Es ist deshalb keine Arroganz, wenn ein bundesdeutscher Besucher den Finger auf die seelische Umweltverschmutzung legt, die der Stalinismus verschuldet hat. Sondern eine Aufforderung an beide Seiten, die »Unfähigkeit zu trauern« nicht ein zweites Mal zuzulassen.

Die eine Zukunft und die zwei Vergangenheiten

Psychoanalytische Erwägungen zum deutschen Einigungsprozeß

Nach der Rückkehr von meinen vier Reisen zu Gesprächen in die DDR zwischen Dezember 1989 und dem 3. Oktober 1990 hatte ich jedesmal einige Tage mit depressiven Verstimmungen zu tun. Gefühle von Ohnmacht, Ratlosigkeit, Wut und Mitleid befielen mich. Es drängte mich, mit meinen psychotherapeutischen Mitteln zu helfen, durch Verstehen oder konkreteren Beistand. Es waren auch Größenphantasien mit im Spiel – eine Antwort auf meine Hilflosigkeit angesichts der riesigen und schwer überschaubaren seelischen Prozesse, in denen sich die Menschen zwischen Ostsee und Erzgebirge befinden.

Sich den seelischen Reaktionen in der Bundesrepublik auszusetzen war oft gleichermaßen schwer erträglich. Eine Woge von Überheblichkeit und moralisierender Aggression brach über fast alle Sparten des politischen und kulturellen Lebens herein. Intellektuelle und Künstler erhoben global Vorwürfe und Verdächtigungen. Die Medien konnten sich nicht genug tun, den Zustand der Verrottung dieses Staates und seiner Gesellschaft aufzuzeigen. Um es drastisch zu sagen: Ich dachte oft an die als Kind gehörte Regel für die Sauberkeitserziehung von Hunden – man tauche sie so oft mit der Schnauze in den hinterlassenen Schmutz, bis sie freiwillig sauber würden. Die Notwendigkeit eines raschen Aufbaus und die Notwendigkeit, die Vergangenheit zu bewältigen – diese beiden Prozesse laufen einander diametral entgegen. Anpacken und aufbauen – sich besinnen, trauern – das eigene Tempo der Neubesinnung wählen. In diesem Dilemma gibt es fast nur einen einzigen Trost: daß die Vorgänge Zeit brauchen, viel Zeit, und daß wir noch wenig darüber wissen, wie ein ganzes Teil-Volk eine solche Neuorientierung bewältigt. Denn der Vergleich mit 1945 trägt nicht sehr weit. Das immense Überlegenheitsgefühl der Westdeutschen deutet jedoch auf eine Verletzung hin, die sich jetzt umkehrt in Triumph und Überheblichkeit.

Die Beschäftigung mit der (ehemaligen) DDR und den Reaktionen im Westen ist mir nicht anders möglich als mit einer gespaltenen inneren Haltung. Der Staatsbürger, der das totalitäre System mit der Unterdrükkung, der Lüge, der Unfreiheit, der Demütigung, der Entwürdigung und der Lähmung von Initiative ablehnt und seine gewaltigen Reste beseitigt sehen möchte, tritt in einen Gegensatz zum Therapeuten, der über die Bedingungen nachdenkt, unter denen Besinnung, Umdenken und Umlernen möglich sind. Das Ausmaß, in dem es in allen fünf neuen Bundesländern ums Überleben geht, bildet gar kein Klima, in dem die langsamen Vorgänge eines Überdenkens der eigenen Identität möglich wären. Und die gegenwärtig notwendigerweise noch vorherrschende Atmosphäre des Vorwurfs, der Wut, auch des Erhellens der Überlebenstechniken der früher führenden Schichten macht die Menschen kollektiv defensiv. Bei Gesprächen mit Männern und

Frauen, die das System trugen, aber auch mit solchen, die die DDR reformieren, aber als eigenen Staat erhalten wollten, wird ein hohes Quantum an Trotz, Wut und innerer Abschließung deutlich. Das betrifft natürlich nicht die vielen, die einfach das erleichterte Gefühl haben, eine drückende Last losgeworden zu sein, und die sich rasch in eine neue gesamtdeutsch-marktwirtschaftliche Identität hinübergleiten lassen können. – Um es noch persönlicher zu sagen: Ich habe in vielen Begegnungen mich mit Menschen befreundet – auch aus dem Apparat –, die ich auf der kollektiven, politischen Ebene am liebsten bekämpfen würde. Für diesen Zwiespalt habe ich noch keine Lösung; es scheint, man muß ihn einfach aushalten.

Eine zweite bittere Erkenntnis war die, daß meine Kompetenz als Psychotherapeut nur wirklich trägt im Umgang mit einer reflexionsbereiten Bildungsschicht, die das Bedürfnis hat, das eigene Leben zu verstehen, und die von der Sehnsucht getragen wird, persönliche Integrität zu bewahren oder neu zu erwerben – einer Schicht, die Identität als Kontinuum erlebt. – Wenn ein Patient mit einem engherzigen, bigotten, die Identität wie die Aufrichtigkeit verbiegenden religiösen Milieu sich im Alter von 40 Jahren entschließt, sozusagen ins Freie zu treten, seine Ideale, Idole, Bindungen, unterdrückten Affekte, seine offenen oder verborgenen Loyalitäten und die Summe des geopferten Lebens anzuschauen, dann weiß ich, daß er, auch mit kontinuierlicher Unterstützung, einige Jahre braucht, um ein selbstbewußter, halbwegs angstfreier Mensch zu werden. Ich verwende dieses Beispiel, weil es in der westlichen Welt kaum andere vergleichbare seelische und ideologische Bindungen an ein zusammenhängendes Glaubenssystem gibt, die ähnlich tief prägen und eine globale Hingabe einschließlich der Idealbildung und des Verzichts auf Selbstbestimmung verlangen wie eine neurotisch eingeengte, kollektive Religiosität.

Man kann dabei allerdings davon ausgehen, daß die tiefsten religiösen Deformationen bereits in frühen Jahren begründet wurden und tief eingebettet sind in eine unfreie und deformierte Familiengeschichte. Die Vorgänge der politisch-moralischen Mißbildungen in der ehemaligen DDR sind aber nicht unbedingt alle frühkindlicher Art. Entscheidende Anpassungs-Deformationen sind oft erst in der Schulzeit geschehen. Wir wissen nicht viel darüber, wie tief sie seelisch verankert sind. Wir wissen auch noch wenig darüber, was es für Kinder bedeutet, mit Eltern aufzuwachsen, die sie als verängstigt und doppelzüngig oder moralisch-politisch als mehrsprachig erleben mußten.

Ist die Perspektive des Psychotherapeuten in bezug auf die Vorgänge östlich der Elbe überhaupt zulässig und angemessen? Sie könnte, wie mir mehrere Gesprächspartner vorgeworfen haben, als anmaßendes, gar »kolonialistisches« Denken verstanden werden. Trotzdem möchte ich zunächst einmal dazu stehen, bei den Überlegungen zur »Bewältigung« der stalinistischen Vergangenheit psychoanalytische Begriffe zu verwenden – zumal dort, wo das Leben unter einem stalinistischen System als Deformation empfunden wurde. Die Anmaßung läßt sich jederzeit korrigieren. Mein Schreiben ist ein Lernen, kein fertiges Urteilen.

Das psychotherapeutische Modell bietet Vor- und Nachteile. Jedermann kann und soll es zurückweisen, für den es seiner Meinung nach nicht zutrifft. Es funktioniert ohnehin nicht ohne eine latente Bereitschaft, seelische Hilfsbedürftigkeit anzuerkennen, und ohne die Annahme, daß ein Mensch in der Not des Identitätszusammenbruchs Beistand braucht, wenn er sich nicht auf Verdrängung, Abspaltung oder Betäubung durch Arbeit verlassen will. Ich spreche dabei noch nicht von konkreter therapeutischer Hilfe, sondern gebrauche das Wort vom therapeutischen Raum zunächst einmal symbolisch: für eine Form des vorwurfsfreien Gesprächs, in dem allmähliche Besinnung möglich ist und Trauer und Verletzung, Scham, Wut und Reue ausschwingen können.

Ich glaube, daß die Menschen in beiden Teilen von Deutschland diese Gesprächshaltung brauchen, um traumatische geschichtliche und biographische Erfahrungen zu erfassen und auszutauschen: freundschaftliches, unvoreingenommenes Zuhören und Fragen ohne Wertung und ohne missionarischen Druck, mit Wendungen und Fragen, die es dem Gegenüber erlauben, wie in Spiralen zu den wunden Punkten vorzudringen: »Wie war dieses oder jenes Ereignis für euch? Wie habt ihr die Folgen erlebt? Was hat es gefühlsmäßig ausgelöst? Wie war das für die Familie? Was geschah mit den ursprünglichen Plänen? Wie war das für die Selbstachtung? Gab es Alternativen? Wie groß war der Druck? Konntet ihr darüber reden? Wie ging es den Kindern? Konnte man sich wehren? Was drang aus dem Westen zu euch? Was waren die Hauptkonflikte? Was die täglichen Freuden, Hoffnungen und Einschränkungen?«

Es gibt viel zu erfragen, bis man die spezifischen Funktionsweisen dieser Diktatur und ihrer Unentrinnbarkeit und Stabilität bis zuletzt verstanden hat – und den Verlauf eines einzigen Lebens in ihr. Christa Wolf hielt bei der Verleihung der Ehrendoktorwürde der Universität Hildesheim im Januar einen kurzen Vortrag (*Die andere Zeitung*, Ost-Berlin, 15. 2. 1990), in dem sie zu bedenken gab: »Die ungeheure Wucht unserer Erfahrungen in den letzten vier Monaten droht uns nun zu trennen von wie immer wohlmeinenden Betrachtern außerhalb unserer Grenzen, auch im anderen deutschen Staat ... es könnte sein, daß dieser Prozeß einer Entfremdung sich unter der Oberfläche massenhafter, äußerer, äußerlicher Annäherung, ja Verbrüderung wider allen Augenschein sogar noch ausbreitet; dann nämlich, wenn im Zuge des als ›Vereinigung‹, gar ›Wiedervereinigung‹ beschriebenen schnellen Anschlusses der Deutschen Demokratischen Republik an die Bundesrepublik Deutschland die Geschichte des einen, dann nicht mehr existierenden Nachkriegsstaates auf deutschem Boden aus hingebungsvollem Anpassungsstreben auf der einen, aus Überlegenheits- und Siegesgefühl auf der anderen Seite öffentlich beschwiegen und in die Menschen zurückgedrängt würde, die sie gemacht, erlebt und erlitten haben. Käme es jetzt aber nicht auf gegenseitiges Eingeweihtsein an – nicht nur in Politik, Finanzen, Wissenschaft und Umweltzerstörung, sondern auch in die innere Verfassung der Menschen?«

Nun, wie finden wir diese innere Verfassung der Menschen, wie läßt sie sich ermitteln oder erspüren? Nehmen wir ein Extrembeispiel, das doch Zehntausende betrifft. Im Frühjahr 1990 hatte ich dreimal Gelegenheit, jeweils mehr als zwei Stunden lang mit einem ehemaligen Stasi-Offizier zu sprechen. Er war seit zwei Monaten entlassen und arbeitslos. Mit fünfundzwanzig Jahren war er, in einer beruflichen Krise, angeworben, dann indoktriniert, kaserniert, neu ausgebildet worden, und er hatte dann über zwanzig Jahre seinen Beruf ausgeübt. Nach seiner Entlassung hatte er sechs Wochen die Wohnung nicht verlassen, aus Angst, aus Scham, aus Wut, aus Verzweiflung.

Es offenbaren sich im Lauf der Gespräche mehrere fast getrennt voneinander liegende Schichten der Person, die wie durch Mauern, bestenfalls Schleusen, voneinander getrennt sind. Klar ist nur, daß er weder ganz fassen kann, was er getan hat, noch, wie er dafür zugerichtet wurde. Er rechtfertigt sich, verharmlost, bemitleidet sich selbst, spricht von einem Gefühl des Betrogenseins, dann wieder reflektiert er die Notwendigkeit der Überwachung und die charakterliche Anständigkeit, die dabei erhalten geblieben sei. Fetzen von Elitegefühl und Entthronung kommen zum Vorschein, von Betrug, eine noch schwache Gewißheit, daß der geforderte Gehorsam in Tat und Denken, der noch immer idealisiert wird, gleich einer Betonmauer vor dem Gehirn lag. Es folgt ein Gegenangriff mit Bruchstücken eines Feindbildes, das nicht paßt zu dem unvermutet aufgetauchten West-Besuch, dem ersten seines Lebens. Denn in bezug auf Westkontakte herrschte eiserne

Kontrolle. Sie zu vermeiden hatte er auch freiwillig versprochen – in der Art eines Gelübdes, das ein Ordensmann ablegt, wenn er in den Dienst seiner religiösen Gewißheit tritt.

Es war manchmal schwer, vorurteilslos weiterzufragen. Aber da er sich vorsichtig öffnete, entstand in mir Sympathie, die wachsende Bereitschaft, dieser Suche nach dem eigenen Ich zuzuhören, die immer wieder unterbrochen wurde von gezieltem Versteckspiel, auch vor sich selbst. Und ich bekam Respekt vor den seelischen Grenzen, die dem ehemaligen Stasi-Offizier gesetzt waren, bei diesen ersten Begegnungen bereits eine klare Orientierung, ja auch nur gesicherte Formen der Selbstwahrnehmung zu haben, obwohl er studiert hatte. Wohlgemerkt, ich wäre strikt dagegen, daß er etwa in diesem Zustand als Lehrer eingestellt würde oder als Sachbearbeiter in einer Personalabteilung. Es geht hier nicht um rasche Wiederverwendung und Beurteilung künftiger Berufsfähigkeit. Beim Nachdenken über die Gespräche mit ehemaligen DDR-Bürgern geht es mir um den seelischen Raum, den sie brauchen, um sich überhaupt aufarbeitend sich selbst zuwenden zu können, einen Raum, den unsere Eltern nach 1945 auch gebraucht hätten, aber oft nicht fanden.

Ich fühlte mich beschenkt von seinem wachsenden Vertrauen. Die Fragmentierung spiegelte sich auf seinem Gesicht, das Farbe, Durchblutungszustand und Ausdruck ständig wechselte. Er fing langsam an zu glauben, daß es mich interessierte, wer er sei. Ich war auch nicht in journalistischem Auftrag bei ihm, obwohl ich jetzt über ihn schreibe, und ich werde in Verbindung mit ihm bleiben. Er ist ein »Nächster« geworden, weil er mich teilnehmen ließ an seiner ersten Selbstbegegnung, mich als Zeugen akzeptierte, obwohl meine Existenzform und meine Motive ihm so wenig vertraut waren.

Allerdings hatte ich die ersten Minuten nur von mir gesprochen und mich, so gut es ging, mit meinem Interesse vorgestellt, meinem Beruf, meiner eigenen politischen Vorgeschichte und der meines Vaters als kleinem Nazi-Funktionär. Ich sagte ihm, daß ich, wenn nur genügend indoktriniert, einen ähnlichen Weg hätte gehen können, weil auch ich mich in meinem Werdegang zeitweise als verführbar erlebte durch willfährig machende Ideale und den Drang nach verschworener Zugehörigkeit. Er war dankbar und nutzte meine offenen Ohren.

Am meisten hatte er darunter gelitten, daß seine Vorgesetzten schon kurz nach der Wende sich nicht mehr meldeten: Da schien er mir zu reagieren wie ein verlassenes Kind in der Wildnis. Und er litt fühlbar darunter, daß für ihn jede Form von Aufgabe verschwunden war. Denn von seinem hauptsächlichen Beobachtungsobjekt, einer Kirchengemeinde in Ostberlin, sprach er wie von einem gefährlichen, geliebt-gehaßten Tier. Fast zehn Jahre lang hatte er mit jener Gruppe von Menschen sozusagen in einer Belauerungsehe gelebt, sich von ihren Tarnversuchen, ihrer politischen Aufmüpfigkeit, ihren kritischen Ideen gleichzeitig locken und anwidern lassen. Eine mütterliche Strenge sprach aus seinen Worten und aus der wiederholten Bitte, doch zu akzeptieren, daß dies eben seine geliebte und selbstbewußt erfüllte Aufgabe war, an die er geglaubt hatte. Nie hatte er andere Informationen aufgenommen als die verordneten, und doch dämmerte hinter dem Stolz auf das widerspruchslos erfüllte Gelübde ein vages Gefühl von Betrogensein, schlichen sich Zweifel ein, ob er zu einem selbständigen Durchdenken der komplexen politischen Wirklichkeit in Ost und West fähig sei, wenn sie nun unzubereitet auf ihn einstürmte. Und es war klar, daß er sich, aus instinktivem Selbstschutz, noch Schonzeit zubilligen würde. Noch, so schien es mir, ist offen, ob er sich zurückziehen wird auf Verbitterung, Ressentiment und Vorurteile; ob die Bitterkeit ihn in konspirative Gruppen führen könnte; ob er seine Fähigkeit, psychosomatisch zu erkranken, ausbauen wird und eine frühe Berentung anstrebt oder ob die Kräfte reichen zum allmählichen Aufarbeiten eines nachträglich als mißglückt erscheinenden Lebensganges, der in Vorwurf und soziale Unbrauchbarkeit führte. Das Ministerium für Staatssicherheit und seine Untergliederungen *mußten* zu öffentlich gehaßten Institutionen werden. Aber die verständlichen Angriffe auf das Amt, und vor allem tätliche Angriffe auf einzelne, trieben viele in die Verstocktheit, in Selbstmitleid, Rechtfertigung und Verharmlosung des Geschehenen.

Die Verharmlosungen des Offiziers erschienen mir mitunter grotesk: Er habe nur bei etwa einem Prozent der »Zugeführten« und Vernommenen so etwas wie Angst bemerkt. Die Verhöre nannte er übrigens meist »Gespräche«. Ebenso drastisch waren die Spaltungen:

Alle Versuche, innerhalb des Amtes freundschaftliche Bindungen zuzulassen und damit die Unwirtlichkeit des Dienstes zu mildern, fielen früh einer demütigenden Intrige zum Opfer, in der seine vermeintlichen Kameraden aus dem »Kollektiv«, wissend, daß es die Unwahrheit war, gegen ihn aussagten, um sich einem neuen Vorgesetzten anzudienen. Von da an war er ein verletzter Eigenbrötler, der sich nicht mehr zur Kameraderie oder zum Glauben an Menschlichkeit außerhalb der engsten Familie verleiten ließ.

All diese Schichten, das Pendeln zwischen Opfer- und Täterseite, die biographischen Verästelungen bis in eine von politisch-religiösen Gegensätzen durchzogene Herkunftsfamilie, tauchten allmählich auf. Das Gespräch schwankte atmosphärisch zwischen Rechtfertigung, Beichte, Anklammerung, vorsichtiger Hoffnung auf freundschaftliches Verstehen und ungläubigem Staunen, daß einer so lange zuhörte und immer noch interessiert fragte und auch versprach wiederzukommen.

Ich habe diese Gespräche etwas ausführlicher dargestellt, weil ich sie als Geschenk und als persönliche Chance erlebt habe und weil ich weiß, daß dieser Mann seelisch und von seiner Fähigkeit her ein entfernter Verwandter meines Vaters war, eines kleinen ehrenamtlichen Nazi-Funktionärs, der allerdings damals wenig Gelegenheit hatte, Unheil anzurichten. Ich hätte genausogut ein Gespräch mit einem eindeutig auf der Seite der Opfer stehenden Menschen wählen können: Auch in ihm haben vier Jahrzehnte Unsicherheit, Verfolgung und Demütigung vielfältige seelische Schichten verletzt; auch er ist auf geduldiges Verstehen angewiesen. Selbst wer durch frühe Enttäuschung und Empörung, durch Familientradition oder ideologische und religiöse Barrieren immun war gegen alles Mitmachen, braucht Zeit und seelischen Raum, um hinter die verschütteten Linien seines fragmentierten, an den Rand gedrängten, geminderten oder in einer Nische gelebten Lebens zu kommen.

Da in der ehemaligen DDR gegenwärtig alle ums Überleben kämpfen, fehlt natürlich die Bereitschaft, sich öffentlich mit der eigenen Biographie zu beschäftigen. Diskutiert werden andere Themen: Persilscheine, Übernahmen, Arbeitsplätze, Aktenvernichtung, Überwinterung in Ämtern und Institutionen. Es ist die Zeit der Stilisierung des eigenen Lebenswegs, nicht seiner Offenlegung. Verdrängung, wenigstens vorübergehende, Rechtfertigung, Anklammerung an die alte Identität oder rasche Übernahme einer neuen sind Trumpf, und es ist vielleicht sogar notwendig so. Denn der Ton auch des öffentlichen intellektuellen Diskurses ist von ungeheurer moralischer Aggression geprägt. Vielleicht müssen die innerpsychischen Vorgänge der Aufarbeitung warten, bis die Schlachten des Überlebens, der Enttarnung und der Entmachtung geschlagen sind. Der Gegensatz zwischen seelischer Bewältigung und dem Kampf ums Überleben ist beinahe diametral.

Alexander und Margarethe Mitscherlich schreiben in der *Unfähigkeit zu trauern* (verfaßt 1967, also über zwanzig Jahre nach dem Zusammenbruch des Dritten

Reiches) zu diesem Thema: »Mit ›bewältigen‹ ist vielmehr eine Folge von Erkenntnisschritten gemeint. Freud benannte sie als ›erinnern, wiederholen, durcharbeiten‹. Der Inhalt einmaligen Erinnerns, auch wenn es von heftigen Gefühlen begleitet ist, verblaßt rasch wieder. Deshalb sind Wiederholung innerer Auseinandersetzung und kritisches Durchdenken notwendig, um die instinktiv und unbewußt arbeitenden Kräfte des Selbstschutzes im Vergessen, Verleugnen, Projizieren und ähnlichen Abwehrmechanismen zu überwinden. Die heilsame Wirkung solchen Erinnerns und Durcharbeitens ist uns aus der klinischen Praxis wohlbekannt. In der politischen Praxis führt uns dieses Wissen noch keinen Schritt weiter. Denn nur der Kranke, dessen Leiden am Symptom größer ist als der Gewinn aus der Verdrängung, findet sich bereit, seine Bewußtseinszensur [...] schrittweise zu lockern. Die Therapie müßte aber in einem Kollektiv verwirklicht werden, dem es, wenigstens materiell, insgesamt besser geht als je zuvor. Es verspürt keinen fühlbaren Anreiz, seine Auslegung der jüngsten Vergangenheit den *unbequemen* Fragen anderer auszusetzen.«

Der vorwurfsvollen Fragen gibt es aber, vor allem in den Medien, genug. Das Geheimnis der generationenlang unbewältigten Nazivergangenheit liegt in dem Wort »unbequem«. Fragt man sich nämlich, warum eine so tiefschürfende Analyse wie die der Mitscherlichs im ganzen eher Abwehr hervorgerufen hat – bei allem Erfolg –, so hängt dies meiner Meinung nach mit dem penetranten Ton des überlegenen Vorwurfs zusammen, der den Text durchdringt. Beim Wiederlesen fand ich Randbemerkungen von mir aus den siebziger Jahren, zum Beispiel: »Bußpredigt«, oder: »Wütende negative Diagnostik der Deutschen«. Ich fand und finde wenig Raum für die Einfühlung. Natürlich läßt sich auch das wieder verstehen. Die Mitscherlichs waren enttäuscht, daß der wachsende Wohlstand und die ökonomische Sicherheit, also der beginnende Komfort im Überleben, kein Erinnern und keine Trauer brachten. Auch die aggressiven Anklagen der Achtundsechziger-Generation führten eher zur Verstocktheit als dazu, daß sich die Menschen der Erinnerung geöffnet und die Fragen zugelassen hätten: Wie kam es, daß ich mitgemacht habe?

Es scheint eine immense menschliche Verlockung zu sein, moralische Überlegenheit, wenn sie sich bietet, auszukosten. Das ist sicher, auf der individuellen Ebene, ein Niederschlag der Erlebnisse in der eigenen Erziehung: Selbstgerechte Eltern hinterlassen in uns das Bedürfnis, diese Demütigungen heimzuzahlen. Und nun finden wir Westdeutsche uns, ohne daß wir viel dazu getan hätten, kollektiv nicht nur in der Rolle der politisch und wirtschaftlich Überlegenen, sondern als vermeintliche Sieger des Kalten Krieges in der Position einer scheinbar gerechten moralischen Aggression, wie sie einst die Siegermächte uns Deutschen gegenüber einnahmen.

Ich halte einen Teil der publizistischen Reaktionen auf die Veröffentlichung von Christa Wolfs Erzählung *Was bleibt*, vor allem die moralisch verurteilenden, aus psychologischer Sicht für eine Katastrophe. Man konnte sogar kluge Begründungen dafür lesen, daß man selbst keine Erfahrungen mit dem Leiden unter dem Stalinismus haben müsse, um moralisch urteilen zu können. Einer der ersten literarischen Versuche, sich mit der Angst vor der Stasi auseinanderzusetzen – natürlich von einer prominenten Schriftstellerin, die sich zum Sozialismus bekannte –, wurde mit einer Tracht moralisierender Prügel beantwortet. Ich fürchte, daß einige der vernichtenden Urteile den Mut von Künstlern und Intellektuellen erheblich beeinträchtigen werden, sich an das Verfassen der dringend notwendigen aufrichtigen Biographien zu machen oder an aufrichtige Protokolle von Verstrickten über das eigene Leben im System.

Dies führt mich zurück zum Problem des therapeutischen Raumes. Das öffentliche Klima in der aktuellen Phase des Übergangs mit der politisch wohl notwendigen »Säuberung« ist kaum geeignet, Prozesse des Erinnerns, der Besinnung und des langsamen Umdenkens zu fördern. Das bedeutet aber nicht, daß es *nicht* gälte, die Entstehung eines solchen Raumes zu fordern und vorzubereiten. Andernfalls wird es zu massenhaften Identitätsverschiebungen oder -brüchen kommen, zu kollektivem Trotz. Viele werden sich gegenüber der Wirklichkeit verbarrikadieren, indem sie sich – an eine nostalgisch gesehene oder idealisierte – Identität des Sozialismus klammern, nicht nur als Idee, sondern auch als verharmloste Realität des repressiven Systems.

Ich möchte die Idee des therapeutischen Raumes noch etwas konkretisieren. In ideologisch durchtränkten Diktaturen, die dem Individuum vorwiegend Identifikation und Gehorsam abverlangen, gibt es diesen Raum einer wohlwollend neutralen Hilfestellung für das Individuum beim Erhalt oder dem Wachstum einer integren autonomen Persönlichkeit nicht. Sie war im Stalinismus zugunsten des Kollektivs sogar ausdrücklich diskreditiert und als dekadent oder bürgerlich denunziert. Man trifft also bereits eine politische Grundentscheidung, wenn man den therapeutischen Raum postuliert. Er setzt Freiheit von Verfolgung, Überwachung und Denunziation voraus, die Gewißheit, daß der Therapeut verschwiegen ist, und eine Hinwendung zu Bedingungen, die Autonomie und Selbstachtung fördern. Ich habe die Erschütterung von Psychotherapeuten in Kliniken erlebt, die plötzlich mit der Tatsache fertig werden mußten, daß ihre Chefs Zuträger der Stasi und die Eintragungen über Patienten den Spitzeln zugänglich waren.

Dieser therapeutische Raum ist gleichsam etwas Exterritoriales. Er erfordert eine gewisse Freiheit von materieller Not, mindestens von permanentem Aufgesogensein durch Überlebenssorgen.

Nach 1945 gab es diesen Raum aus vielen Gründen auch in Westdeutschland nicht. Die Nazis hatten die Psychoanalyse diskreditiert; viele Analytiker waren ins Ausland geflohen, folglich konnte schon personell nicht mehr getan werden, als individuelles neurotisches Elend punktuell zu mildern. Deshalb gab es bei der »Aufarbeitung« der Vergangenheit weder individuell noch kollektiv therapeutische Hilfe von dieser Seite.

Die Situation in der Ex-DDR könnte anders sein. Es gibt ein paar hundert Psychotherapeuten, und viele konnten sich in den Nischen und Institutionen, in denen sie tätig waren, eine gewisse Unabhängigkeit bewahren. Und in Westdeutschland stellt Psychotherapie ein etabliertes, angesehenes System dar, das allerdings auf eine Mithilfe bei der Bewältigung politisch organisierter seelischer Deformation kaum vorbereitet ist.

Diesen »therapeutischen« Raum möchte ich aber nicht auf professionelle Psychotherapie reduziert sehen. Er schließt Seelsorge ein, Gesprächskreise, Selbsthilfegruppen, vor allem aber – und vielleicht bin ich hier Idealist – Freundschaften. Im Kontext der Vereinigung beider deutscher Staaten erhält dieser Begriff doch eine andere Färbung. Wer als Westdeutscher nicht Verwandte oder Berufskontakte »drüben« hat, kommt in der Regel gar nicht mit Bewohnern der ehemaligen DDR näher in Berührung. Die Freundschaften entstehen auch, selbst wenn man sich einmal oder mehrmals begegnet, nicht rein spontan, sondern sie brauchen einen Anlaß, eine zu durchlaufende Strecke der Neugier, der Orientierung, der vorsichtigen Öffnung, und vor allem: Sie brauchen Dauer und Wiederholung und wechselseitiges Sich-Öffnen.

Nach meiner Erfahrung führen sie sogar zunächst über die Erkenntnis, wie völlig unterschiedlich die Lebensverhältnisse, die Grundüberzeugungen, die politische Geschichte und die individuellen Lebensgeschichten sind. Sie führen über die Wahrnehmung der Fremdheit, wie es Christa Wolf in ihrem Vortrag betont hat. Und sie brauchen eine Durststrecke, wenn die erste Faszination der Begegnung vorüber ist. Denn man lernt sich nicht unter gleichen kennen. Es existieren reale Unterschiede des Fühlens, Denkens und des Blicks auf die eigene Geschichte; es gibt einen Wust von Phantasien übereinander, von Empfindlichkeiten, plötzlichen Entfremdungen. Es braucht Zeit, bis ein Raum entsteht, wo sich eine kontinuierliche liebevolle Wahrnehmung des anderen bildet. Erst auf dieser Basis kann sich der andere aufschließen und sich an einem Punkt plötzlich in die Tiefe auch der Selbstentfremdung, der Trauer, der Reue, der Unsicherheit vorwagen.

Es dauert eine Weile, bis ehemalige DDR-Bürger sich trauen, genauer nach *unseren* realen und seelischen Lebensverhältnissen zu fragen. Und es ist nach einer gewissen Zeit des Kennens nicht mehr möglich, den Zeitpunkt von tiefergehenden Gesprächen zu planen. Sie müssen sich ereignen, und sie ereignen sich, wenn sich ein stabiler Raum des Wohlwollens gebildet hat, der von Vorwürfen, Befangenheit und anderen störenden Gefühlen frei geworden ist. Ich möchte es einmal den Austausch von Lebensgeschichten nennen, in einem Klima verwandtschaftlicher Neugier. Erst dieser Austausch von Lebensgeschichten wird es langsam möglich machen, daß der therapeutische Raum wechselseitig wird und wir auf die Phänomene der seelischen Spaltung stoßen, in die wir durch unsere westdeutsche seelische Entwicklung genauso eingebunden sind.

Mitten beim Schreiben mahnt mich der Brief einer Kollegin aus der DDR, meinen Standpunkt noch einmal zu überprüfen, den ich im April 1990 in meinem ersten Bericht über das »Volk der Gedemütigten und Entrechteten« (in diesem Band S. 18ff.) eingenommen hatte. Sie schreibt: »Zuerst war ich wütend auf Sie, weil ich es vermessen fand, über ein Land, zu dem man über Jahre keinen inneren Bezug hatte, einfach so zu schreiben. Dann sagte ich mir: Na gut, das ist der Blick von ganz außen, und den will ich jetzt auf mich wirken lassen. [...] Was mich vielleicht am meisten stört, ist, daß die Spaltung nicht aufgehoben wird. [...] In uns gehören die beiden Deutschlands doch immer zusammen, und ich finde, man kann nicht über den einen Teil sprechen, ohne gleichzeitig etwas über sich selbst, mehr über den anderen Teil zu sagen. Aber es ist ja auch so, daß die ›Westler‹ unseren Teil überhaupt nicht mehr wahrgenommen haben. Wir waren in ihrem Bewußtsein wie ausgelöscht, und nun die Einfühlung in ›Gedemütigte und Erniedrigte‹, oh oh, da ist viel Empfindlichkeit bei mir. Denn wer sich einfühlt, ist der Therapeut, und wir sind hier keine Patienten – die Patienten sitzen mit sehr verschiedenen (aber auch gleichen) Symptomen auf beiden Seiten der Elbe.«

Dem kann ich voll zustimmen, und trotzdem bin ich mit meinem Bewußtsein noch nicht ganz auf diesem Standpunkt, bin aber bereit, dies dem gegenwärtigen, vorläufigen Stand meines Denkens zuzurechnen. Diejenigen, die sich in der DDR systemkritisch und schließlich systemverändernd engagiert haben, würde ich natürlich nicht als Patienten sehen – im Gegenteil, ihr Engagement hat sie davor bewahrt, den gängigen Deformationen zu erliegen. Aber ich sehe auch, daß es gegenwärtig noch kaum eine Form gibt, aus der ehemaligen DDR kritische Anfragen so an uns zu richten, daß sie westliche Selbstgerechtigkeit durchbrechen. Auch hier baue ich auf eine langsam sich bildende Wechselseitigkeit des therapeutischen Raumes.

Ich kehre also, in vollem Bewußtsein der Einseitigkeit und der historischen Vorläufigkeit, ja Unreife, zu meinem Standpunkt des Nachdenkens über seelische Probleme in der DDR zurück und stimme der Briefschreiberin darin zu, daß die Überwindung der seelischen Spaltungen nach Äußerungen aus der ehemaligen DDR verlangt, die für uns ein kritischer Spiegel sind. Wenn sie uns erreichen sollen, muß ebenso auf wütende Gegenanklage verzichtet werden. Noch sind viele Äußerungen, genau wie von unserer Seite, nicht frei von Ressentiments, Klischees, Wut und Neid, etwa nach dem Motto: »die Satten und die Reichen aus der Ellbogengesellschaft«, von denen viele leider bei ihrem Erscheinen »drüben« diese Bilder bestätigen.

Ich hoffe sehr, bald auch im westlichen Teil der Bundesrepublik Kollegen aus dem östlichen Teil begegnen zu können, die Geld, Zeit und Muße haben, sich hier forschend und diagnostizierend umzusehen. Auch die Freunde, die zur Erholung in den Schwarzwald oder zu Kongressen zu Besuch kamen, waren noch damit beschäftigt, zu sehen, zu staunen und zu erzählen, ja, wahrzunehmen, daß wir im Westen, trotz mancher saturierten Überheblichkeit, ganz erträgliche Menschen sein können. Doch der Hallenser Psychotherapeut Johannes Piskorz, der schon vor der Wende häufiger in Westdeutschland war, hat in einer sehr eindringlichen Analyse aufgezeigt, wie sehr wir, im Jungschen Sinne, über die Jahrzehnte hinweg füreinander der »Schatten« waren, in dem so viele Projektionen untergebracht werden konnten. Ich hoffe, daß sein Text bald publiziert wird. Erst solche Texte werden einen wirklichen sozialpsychologischen Dialog eröffnen. Wenn ich also von der ebenso realistischen wie bedauerlichen These ausgehe, daß im gegenwärtigen Zustand auf der Ebene der öffentlichen Diskussion die Selbstreflexion der Westdeutschen noch kaum in Gang kommt, dann bedeutet eine vorläufige Verengung des Blicks auf die ehemalige DDR in der Frage der Bewältigung der politischen Vergangenheit und der von ihr verursachten seelischen Schäden nicht eine einseitige Zuschreibung des Patientenstatus. Vielmehr erkenne ich damit zugleich die Pioniersituation an, die den Ex-DDR-Bürgern bei dem erneuten Versuch zukommt, mit einer totalitären Vergangenheit umzugehen. Ich gestehe ein, daß der gleiche Vorgang nach 1945 praktisch nicht stattgefunden hat – weder im Westen noch im Osten. Wenn er jetzt gelingt, dann scheinen mir Rückwirkungen auf Westdeutschland möglich oder sogar wahrscheinlich. Unsere eigene Abwehr hier ist nicht nur historisch zementiert, sie wird zur Zeit durch die Dimensionen des Umbruchs noch verstärkt.

Also zurück zur einseitigen Perspektive, deren Ergänzung oder Umkehrung zum Teil von den Intellektuellen und Therapeuten in den neuen Bundesländern angestoßen werden muß. Meine Frage an viele Therapeuten und an einige Pfarrer in der DDR war die: Kommen Menschen aus dem Herrschaftsapparat, denen nun Macht, Rolle, Wirkung, Ideal und Ideologie, Rechtfertigung und innere Kontinuität verlorengehen, in Psychotherapie oder Beratung? Realisieren sie die Möglichkeit, mit einem zugewandten und normalerweise vertrauenswürdigen Dritten über ihr Leben zu sprechen? Die Antworten waren relativ eindeutig: Nein, von vielen Ausnahmen abgesehen. Die Ausnahmen, das sind Männer und Frauen, die psychosomatisch erkranken oder dekompensieren und die von Ärzten in die Therapie überwiesen werden.

Es gibt also noch kaum den direkten Weg eines von politischen Konflikten, von Anklage, Entmachtung und Sinnverlust, aber auch von Reue oder einer Mischung von Angst und Selbstmitleid gequälten Menschen in den therapeutischen Raum. Dies gilt übrigens auch für die Seelsorge: Von Einzelfällen abgesehen, wird sie von den politisch Entmachteten oder Geschädigten noch kaum wahrgenommen.

Bei uns hat es unter günstigeren Voraussetzungen – etwa unter kräftiger Mithilfe der Medien – Jahrzehnte gebraucht, bis sich für individuelle Störungen ein therapeutischer Raum gebildet hatte. Sein Fehlen im Gebiet der ehemaligen DDR wundert deshalb nicht, aber es stimmt traurig. Denn meines Erachtens ist das menschlich-therapeutische Potential des Zuhörens beträchtlich, das aufgewendet werden muß, um die inneren Prozesse des Umdenkens und der langsamen Identitätsveränderung in Gang zu bringen und zu ermutigen. Allerdings muß gesagt werden, daß die ehemaligen DDR-Therapeuten erst sehr langsam lernen, mit solcher politisch verursachten Pathologie offen umzugehen. Es steht darüber nichts in den Lehrbüchern, weder hier noch dort. Was erschwerend hinzukommt, ist die Notwendigkeit, die von einigen Pionieren durchaus gesehen wird, sich mit seiner Persönlichkeit als Therapeut selbst zu erkennen zu geben. Die Freudsche Neutralität und Spiegelhaltung führt hier mit Sicherheit nicht weiter – im Gegenteil, sie wird Assoziationen wecken an Vernehmungssituationen, die dem therapeutischen Prozeß eher entgegenstehen.

Ohne den therapeutischen Raum sind alle Forderungen nach Bewältigung auf der psychischen Ebene für viele, die verstrickt waren – als Täter wie als Opfer –, illusorisch. Nur Münchhausen konnte sich am eigenen Schopf aus dem Sumpf ziehen.

Revolution und kollektive Neurose
Joachim Maaz über den »Gefühlsstau« in der ehemaligen DDR

Sagt die psychotherapeutische Begegnung mit fünftausend neurotischen oder psychosomatischen Patienten im Lauf von zehn Jahren etwas über die Charakterdeformation eines ganzen Volkes? Joachim Maaz, Chefarzt der Psychotherapeutischen Klinik im Evangelischen Diakoniewerk Halle, ist überzeugt, ein »Psychogramm« für (nahezu) sämtliche Bürger »hinter der Mauer« liefern zu können. Entsprechend umstritten ist sein Buch über die »symptomlose Neurose« von 16 Millionen Mitbürgern. Er geht davon aus, daß keiner der charakterlichen Deformation in der ostdeutschen Variante einer sozialistischen Diktatur entgehen konnte, es sei denn, er habe in den berühmten »Nischen« mit der Unterstützung eines immunisierenden familiären oder freundschaftlich tragenden Milieus überwintert. Aber selbst dort diagnostiziert er das gemeinsame Syndrom von Infantilisierung, Gefühlsstau und seelischen Mangelerscheinungen. Entsprechend scharf sind die Angriffe, denen er vor allem »drüben« ausgesetzt ist.

Er gibt zu, daß sein Buch voll Wut geschrieben wurde, als eine kathartische Reinigung von seinem eigenen Gefühlsstau, seiner Scham über die eigenen Kompromisse, seiner Zweifel, ob nicht die eigene therapeutische Arbeit, so subversiv sie sein wollte, letzten

Endes doch systemstabilisierend war. Mit solchen Zweifeln sind in diesen Monaten viele DDR-Psychotherapeuten beschäftigt, und die meisten geben zu, daß sie für die enormen therapeutischen Aufgaben, die auf sie zukommen, kaum vorbereitet sind.

Die Eskalierung der Gewalt, die ein Jahr nach der Wende bei Fußballspielen, vor allem aber in den Straßenschlachten anläßlich der Hausbesetzungen und der Räumungen zu beobachten war, nannte Maaz in einem Interview ein »Vorspiel«. Das aufgestaute aggressive Potential, das sich unter der fast allumfassenden Repression gebildet hatte, sei mit der »gewaltlosen Revolution« nicht im geringsten aufgebraucht worden. Er nennt den Taumel nach der Öffnung eine »Drei-Tage-Euphorie«, die noch keine »Befreiung von der inneren Unfreiheit« gebracht habe. Er gibt zu, daß die vorausgehenden Demonstrationen bereits etwas waren wie der Beginn einer kollektiven Therapie, weil die Angst, die im Protest gemeinsam ausgehalten wurde, sich teilweise löste und die Wut sich zum erstenmal kanalisieren konnte, aber längst nicht in ausreichendem Maße. Dem allgemeinen Lob der Gewaltfreiheit steht er deshalb höchst ambivalent gegenüber und setzt sich kritisch mit der Haltung der evangelischen Kirche auseinander, die zwar Raum und Ermutigung bot, aber um den Preis eines ängstlich angemahnten Verzichts auf Gewalt. Maaz plädiert nicht für öffentliche Gewalttätigkeit, er verweist auf die emotionale Sackgasse, in die ein ganzes Volk geraten ist: »Die einerseits vernünftige Gewaltfreiheit hat andererseits unsere schon längst vorhandene aggressive Gehemmtheit erneut verstärkt.« Und dagegen: »Die charakterlich kranke und kriminelle Politbürokratie, die uns mit anmaßenden Entscheidungen zu einem Leben voller Einschränkungen gezwungen hat, verdient den gerechten Zorn des ganzen Volkes.«

Das Paradox ist nicht auflösbar, und er weiß es. Von daher auch der Titel des Buches, *Der Gefühlsstau*. Die Tatsache, daß sich eine halbe Million Menschen, gezwungen oder nicht, zu Spitzeldiensten für die Stasi hergab, liegt für ihn in der Logik dieses Staus: Staat und Partei regulierten sogar die Gefühle, übermäßige Gehemmtheit, Wut und Resignation waren die Folge, die Spitzeldienste für viele ein Ventil, wo wenigstens heimliche und heimtückische Abfuhr der Wut möglich war. Die Stasi nährte sich, so seine These, von der abgespaltenen Wut eines ganzen eingemauerten Volkes. Eine selbst am »Gefühlsstau« erkrankte Führung bot als psychohygienischen Ausweg einer Masse von Privilegierten die Möglichkeit, ihre eigene Angst durch die Fähigkeit zum Angstmachen in Schach zu halten. Noch der kleinste Teilhaber von Autorität konnte die in Fleisch und Blut übergegangenen Demütigungen weitergeben. Wer die ängstigende Atmosphäre der früheren Grenzkontrollen erlebt hat, weiß, daß diese permanente Umwälzung von Wut, Angst und Demütigung funktioniert hat.

Doch zurück zur Diagnose eines ganzen Volkes. Maaz schildert und analysiert in immer wieder packenden Bildern die Folgen der tief in die Sozialisation schon der kleinen Kinder eingreifenden Repression und das Spektrum der Möglichkeiten, sich zu arrangieren. Er beschreibt eine Skala von Sozialcharakteren, die das System getragen haben: die Gehemmten und die Zwanghaften mit ihrem Halt an den leistungsbezogenen Sekundärtugenden. Und er analysiert die sozialen Rollen, in denen sie sich einrichten konnten: die Machthaber, die Karrieristen, die Mitläufer und die Oppositionellen, die Ausreisenden und Flüchtenden, und schließlich die Utopisten.

Maaz hält die seelischen Wirkungen der Repression ohne Hoffnung auf Veränderung für so tief, daß er sie in einer geradezu anthropologischen Dimension ansiedelt, die ohne eine künftige »therapeutische Kultur« nicht wieder aufzulösen sei. Die Bitterkeit der Reaktionen auf sein Buch in der ehemaligen DDR richtet sich nicht nur auf die Generalisierung der seelischen Schäden, sondern nicht zuletzt darauf, daß er die Folgen des eingemauerten Seelenlebens für unausweichlich hält und selbst den »Revolutionären« der Wende im Grunde neurotische Motive nachweist, weil auf einer breiten Basis die Entwicklung zu seelischer und politischer Autonomie nicht habe stattfinden können. »Wegen des Beziehungsclinches als Folge der inneren Not blieben die klaren politischen und sachlichen Entscheidungen häufig auf der Strecke ... dies hat den Oppositionellen viel Sympathien geraubt, ihre Labilität und psychische Problematik wurde ungeachtet der von ihnen vertretenen Themen intuitiv gespürt.«

Die Radikalität, mit der Maaz ein ganzes Volk als seelisch geschädigt diagnostiziert, ist eine Provokation, die aber auch dort noch fruchtbar scheint, wo sie Widerspruch und wütende Ablehnung hervorruft. Sie ist getragen vom Scharfblick der Empörung, der manches pauschal und global zusammenfaßt, was sich bei genauerem Hinsehen in unzählige Facetten aufzulösen scheint. Die Wahrheit ist kränkend, und so fügt Maaz seinen Landsleuten die erneute Kränkung der psychiatrischen Deutung zu, aber nicht um sie zu demütigen, sondern um aufzurütteln und das Nachdenken über Formen der Therapie in Gang zu setzen. Zwischen Diagnose und Therapie aber steht eine riesige Kluft. Die »therapeutische Kultur«, die Maaz fordert, ist noch vage, und die Bedingungen ihres möglichen Entstehens unklar. Sicher ist, daß auf die Psychotherapeuten und Seelsorger viel Arbeit zukommt. Im gegenwärtigen Stadium des Überlebenskampfes gibt es aber wenig Neigung zu Besinnung und Rückblick. Das öffentliche Klima hüben wie drüben ist nicht geeignet für eine Bewältigung der 40jährigen DDR-Zeit, was die Aufarbeitung der seelischen Schäden in der individuellen Biographie angeht. Aber das Buch von Maaz bereitet den Boden für das allmähliche Erkennen, indem es Kategorien der Selbstwahrnehmung bietet, eine Auslotung der Schäden, die lange nicht auffielen, weil sie die Norm waren. Es mag sogar helfen, auch im Westen den Blick für die kollektiven seelischen Schäden noch einmal zu schärfen, die der Nationalsozialismus hinterließ, weil damals ein diagnostisches und therapeutisches Potential kaum vorhanden und Vergessen und Verdrängen für lange Jahre der einzige Ausweg war. Hier wirkt das Buch von Maaz wie ein Paukenschlag.

Die beredte Sprachlosigkeit
Von den Schwierigkeiten der DDR-Bürger, mit Westdeutschen über sich zu sprechen

Wer von Ihnen, in der alten Bundesrepublik und noch stärker in der früheren DDR, Gelegenheit hatte, mit DDR-Bürgern in einem privaten Milieu zu sprechen, wird bemerkt haben, daß man oft überschüttet wurde vom Strom der Rede, und Mühe hatte, ihn wieder zu unterbrechen. Wie paßt dies zusammen, der Strom der Rede und die Schwierigkeiten, über sich zu sprechen? Sie hängen, und das ist gleich meine erste Hauptthese, damit zusammen, daß es für sehr viele Bürger von drüben, vor allem im Gespräch mit Westdeutschen, kaum Regeln der Mitteilung, vor allem der seelischen Selbstmitteilung gibt. Es fehlen viele der uns geläufigen Kategorien der Selbstwahrnehmung und der Selbstreflexion, vor allem, was den eigenen biographischen Kontext angeht; dies besonders dann, wenn die Gesprächspartner kaum Westkontakte hatten vor der Wende und wenn sie den sozialistischen Interpretationsrahmen wenigstens zum Teil verinnerlicht hatten.

Dieses Herausfallen aus einem gesicherten Interpretationsrahmen ist in sich schon traumatisch, ganz gleichgültig, in welchem Maße der einzelne mit dem sozialistischen Denken identifiziert war oder nicht. Doch der vorhin erwähnte Strom der Rede verrät zumindest die Suche nach dem eigenen Selbst und die

Suche nach Gehört-Werden. Da der Umbruch so riesig ist und fast alle Dimensionen des Daseins verändert, gibt es einerseits ein dringliches Bedürfnis, einen mitfühlenden Zeugen zu haben für das Erleben einer sich auflösenden vertrauten Lebenswelt, und gleichzeitig entsteht Scham über das Ausmaß der inneren und äußeren Unsicherheit. Es geht ja nicht nur um ein Sprechen über sich selbst als ein politisch und moralisch verunsichertes Subjekt, sondern auch oft ganz direkt um Fragen der weiteren gesellschaftlichen und beruflichen Brauchbarkeit. Es geht mir hier im psychologischen Zusammenhang mehr um dies existentielle Sprechen über sich selbst.

In Ostdeutschland stieß und stößt man sehr häufig auf eine strategische Rede: es ging und geht ja noch immer darum, sich den großen Brüdern und Schwestern aus dem Westen unter einem bestimmten, vermuteten, gesuchten oder projizierten Blickwinkel darzustellen. Es handelt sich also sehr oft um eine auf das Bild der eigenen Person bezogene Rhetorik, durchmischt allerdings mit Fragmenten aufrichtiger Selbstbegegnung, auch von Wut, Trauer, Bitterkeit und Erleichterung. Der Zuhörer aus dem Westen ist ja alles andere als unbefangen: auch er bringt verschiedene Schichten von Selbsteinschätzung mit, von Fragestrategien, von vorbewußten oder bewußten Annahmen über sich und sein Gegenüber. Dabei spielt es eine besonders große Rolle, ob das Gespräch nicht doch noch überlagert ist vom Gefühl oder der Realität von Überprüfung und Sondierung; ob das strategische Element der Selbstdarstellung also intensiviert ist durch Rechtfertigung, Anbiederung oder trotziges oder wehmütiges Sich-Beziehen auf »Erhaltenswertes« aus der alten DDR.

Es finden seit langem Tausende solcher absolut zweckgerichteten strategischen Gespräche statt. Und je mehr ihr Ausgang Folgen für den Betroffenen haben kann, desto weniger wird er wirklich über sich selbst sprechen, so, wie man es in einer Freundschaft, Partnerschaft oder in einer seelsorgerlichen oder therapeutischen Situation tut. Dieses strategische Sprechen über sich selbst waren viele DDR-Bewohner natürlich jahrzehntelang gewohnt, aber es gab Regeln dafür, man war eingeübt in die doppelte Moral des stilisierenden oder sich drapierenden Sprechens über sich selbst, und man wußte, daß man im vertrauten Kreis zu einem mehr oder weniger authentischen Sprechen zurückfinden würde, es sei denn, es fehlte auch dieser private und sichere Kreis. Man darf aber auch nicht überschätzen, wieviel Schweigegebote es bis hinein in die eheliche Partnerschaft oder Freundschaften gab, mit den zwangsläufigen Folgen offenen oder verdrängten Mißtrauens.

All das würde aber bedeuten, daß die meisten DDR-Bürger vor der Wende kaum anders konnten, als sich im falschen Selbst der geforderten Sprache zumindest nach außen fast definitiv einzurichten. Das rasch diagnostizierte Symptom des »Wendehalses« verweist ja gerade auf dieses Phänomen: die »Wende« erfolgt gar nicht über eine bestürzte, befreite Rückkehr zu einem von der politischen oder sozialen Realität distanzierten privaten Selbst, sondern die Psyche muß, bei vielen mangels eigener innerer Kategorien, die durch den Zusammenbruch des Sozialismus hinterlassene Leere sehr rasch wieder auffüllen mit neuem Inventar und strategischen Sprechregeln.

In diesem Text rede ich aber nicht über die strategische Rede, sondern über ein Sprechen, das dem freien Bericht, der Suche nach den Sinnzusammenhängen, der Selbstdarstellung vor einer inneren oder freundlichen äußeren Instanz gewidmet ist. Natürlich gibt es da laufend Überschneidungen.

Auch in diesem Bereich des »sich mitteilenden emotionalen Sprechens« herrscht Unsicherheit auf beiden Seiten. Denn der Gesprächspartner von »drüben« wiederum vermutet Standards der Bewertung des Sprechens beim Besucher oder Gastgeber aus dem Westen. Der Westdeutsche befindet sich also fast zwangsläufig in einer diffusen Übertragungsposition, die sich erst nach einer Reihe von Gesprächen klären und ablegen läßt. Er reagiert aber auch mit seinem Unbewußten auf eine Situation, in der ihm vermutete Urteile, Vorurteile und Haltungen anprojiziert werden: er verliert leicht den Boden unter den Füßen in einer Art moralischer Verwirrung, weil er nämlich selbst keine sichere Antwort auf die noch unklaren Fragen von Scham und Schuld hat, wenn er nicht einer abenteuerlichen Selbstgerechtigkeit verfallen ist. Diese prägte manche öffentliche Kontroverse im Westen um Literatur und Malerei der DDR.

Die eigene mitgebrachte Übertragungsbereitschaft des Westdeutschen ist ebenfalls sehr diffus: dieser glaubt sich nämlich, trotz seiner Anstrengung, die Mängel des eigenen Gesellschaftssystems nicht zu vergessen, von politischer und moralischer Überlegenheit getragen, die aber manchmal erfreulicherweise von seinen Selbstzweifeln unterminiert sind. Damit meine ich, daß sich der Westdeutsche in der Regel auf der Seite des historisch überlegenen und vielleicht auch moralisch besseren politischen Systems fühlt. Und dies, obwohl der Sozialismus ja ausdrücklich eine auch moralisch durchkomponierte Weltordnung sein wollte und den Menschen einen Tugendkatalog abverlangte, der gar nicht einzuhalten war. Angesichts dieses ständig proklamierten Tugendkatalogs kam es oft nach der Wende zu der fassungslosen Enttäuschung über die eigene politische Führung.

Bei jedem Gespräch mit Ostdeutschen, das sich um Fragen der politischen und moralischen Identität dreht, ist für den Gesprächspartner aus dem Westen die Frage latent mit dabei: Wie hätte ich selbst unter einem stalinistischen System gelebt, gedacht und gehandelt? Sie wird aber selten offengelegt und diskutiert. Das führt zu der merkwürdigen Situation, daß der Westdeutsche, wie indirekt auch immer, in die Position eines Prüfers gerät in Fragen der politischen Moral und der kontinuierlichen sozialen Identität, in denen er selbst nie wirklich geprüft wurde oder in denen, wie nach 1945, eine gründliche Prüfung nicht stattfand, mindestens für Menschen, die nach den frühen dreißiger Jahren geboren wurden. Das löst drüben oft Wut und Gegenangriffe aus.

Da diese Fragen aber bisher noch selten diskutiert werden, dreht sich das Gespräch zunächst oft um den Vergleich von Lebens- und Berufschancen, und da spielt noch ein ganz anderes Thema fast ständig mit hinein: nämlich der Neid, soweit er gefühlt werden kann, oder die Erbitterung bei den Ostdeutschen über die Kargheit der Entfaltungschancen. Da aber der Neid vom Beneideten schlecht ertragen wird, tendieren Westdeutsche doch wieder dazu, die Benachteiligung von drüben für irgendwie »verdient« zu halten, weil sie, die Ossis, ja »mitgemacht« haben und nur mit Hilfe von Perestroika und Grenzöffnungen eher beiläufig zu einer Art Revolution kamen.

Dabei entsteht bis jetzt aus solchen Gesprächssituationen kaum ein fühlbarer Druck auf den Westler, vor der eigenen Tür zu kehren. Der Genuß der eigenen sozialen und wirtschaftlichen Überlegenheit, wie risikolos sie auch kollektiv erworben sein mag, ist so groß, daß er durch gönnerhafte oder moralische, zuweilen anbiedernde Manöver dauernd unkenntlich gemacht werden muß.

Aus dem Gesagten folgt die Frage, auf die ich später noch eingehen möchte: Gibt es bei uns Westdeutschen die Möglichkeit einer Haltung, die die Schwierigkeiten der DDR-Bürger, mit uns über sich selbst und unsere Probleme mit ihnen zu sprechen, ermäßigt und vielleicht in eine *gemeinsame* Kreativität des Sprechens über sich selbst hinüberrettet?

Ein Freund von mir ist Mitglied in einer Überprüfungskommission an den Universitäten, die über die Weiterbeschäftigung von belasteten Hochschullehrern entscheidet. Was er erzählt, ist teilweise hanebüchen: noch vor der Wende selbstbewußte oder sich mit der Struktur des Herrschaftsapparates im Einklang fühlende Professoren oder Mitarbeiter verweisen auf minimale Akte des Widerstands oder erläutern, wie lange sie schon nur unter dem unmittelbaren Zwang zur Anpassung und von Degradierung bedroht auf ihrem Posten ausharrten. Auch grobe Angebote von Anbiederung und Bestechung fehlten nicht. Die Situation des Überlebenwollens führt dazu, das Erkennen einer gravierenden Irrtums- oder Unrechtssituation weit wegzuschieben. Innere und äußere Gerechtigkeit rücken hier weit auseinander, und es ist das Paradox des geschichtlichen Umbruchs, daß die politisch-ökonomische Bewältigung der Vergangenheit in einen diametralen Gegensatz gerät zur individuell-moralischen.

Ich gehe hier also davon aus, daß »über sich selbst sprechen« idealtypisch eine Mitteilungsform ist, die nicht manifeste soziale Vorteile im Auge hat, sondern allenfalls von einem Management des eigenen Bildes beim Gegenüber mitgeprägt ist. Das Gespräch mit DDR-Bürgern kann durchaus auf dieser Ebene stehenbleiben, wenn nicht eine Situation entsteht, in der beide Gesprächspartner so miteinander vertraut werden, daß bewußte oder vorbewußte Strategien aufgegeben werden, weil sich ein tragfähiger Boden gebildet hat für Einblicke in das moralische oder existentielle Selbst.

Meine zweite These ist also die, daß nur eine auch von unserer Seite vorurteilsfreie Haltung diese Suche nach Fragmenten einer seelischen Kontinuität, die ich als das ideale Ziel des »Sprechens über sich« annehmen möchte, allmählich zum Ziel führen kann auf beiden Seiten. Hierbei wird stillschweigend mit angenommen, daß es ein menschliches Grundbedürfnis nach seelischer, lebensgeschichtlicher und moralischer Kohärenz gebe. Sehr viele Bürger der früheren DDR haben aber an dieser Stelle in irgendeiner Phase ihres Lebens resigniert. Sie wissen entweder, daß sie sich korrumpieren ließen, oder sie haben gerade dieses Grundbedürfnis nach moralischer Integrität im öffentlichen Raum nie voll entfalten dürfen oder, noch schlimmer, es verraten müssen zugunsten einer der Partei oder dem Staat geschuldeten Treue und sozialistischer »Integrität« als Genosse oder DDR-Bürger. Diese Pflicht achtete die Loyalität in Freundschaft, Nachbarschaft oder Liebe geringer oder sah sie sogar lange als typische Fußangel für die sozialistische Partei- oder Staatsloyalität an.

Die von der Partei oft gezielt geförderte Korrumpierung führt ja gerade zu der großen Unsicherheit im Gespräch, weil viele der partiell oder ganz korrumpierten oder linientreuen Ossis den Westler entweder im Besitz einer solchen Integrität vermuten oder, wenn die zynische Variante überwiegt, im Besitz einer gut gelernten Strategie des überlegenen Selbst-Managements, hinter dem sich doch nur der sogenannte Ellbogenmensch verbirgt, der trainierte Kämpfer um den eigenen Vorteil.

In Gesprächen, die zum unverstellten Selbst führen sollen, ist es aber notwendig, daß auch der westliche Gesprächspartner soweit wie möglich seine Strategien aufgibt, und auch dies ist ein mühsamer Prozeß. Er sollte davon ausgehen, daß er von seinem Gegenüber zunächst einmal gar nichts weiß, auch wenn er aus den Medien schon sehr viel an Urteilen und Verstehen aufgenommen hat. Er sollte davon ausgehen, daß sein im

Laufe der Zeit nur selten gründlich überdachtes Gemenge von Meinungen, Vorurteilen und Urteilen nicht sicher trägt, weil die Begegnung mit gesprächsbereiten Ostdeutschen eine vollkommen neue Situation konstelliert, in der man sich oft mühsam aneinander herantastet.

Es dauert eine ganze Weile, bis das Glück eines strategiefreien Gesprächs eintritt, wo der Partner von drüben merkt, daß er seinem inneren Prozeß folgen kann, seinen Einfällen, Erinnerungen, Gefühlen, aber auch den Brüchen in seiner sozialen oder moralischen Biographie, über dessen Klüfte er selbst immer wieder staunt. Die für den westlichen Gesprächspartner meiner Meinung nach hilfreichste Hypothese bei einem solchen Gespräch ist die: anzunehmen, es gebe bisher keine sicheren Kriterien der Beurteilung eines nach Jahrzehnten zählenden Lebens im DDR-Sozialismus; für die Belastungen, den Anpassungsdruck, die konkreten wie die illusionären Hoffnungen, von denen jemand lebte, den Widerstand oder die Grade der Resignation wie des Zynismus.

Die Erhaltung einer im idealen Sinne moralischen Integrität der Person ist in der Regel gebunden an ihre durchschnittliche gesellschaftliche Ermöglichung. Wo aber Erpressung, Ächtung, Isolierung, Diffamierung und Strafe massenhaft und im Staatsauftrag vorkommen und wo die Privilegierung so direkt mit Konformität verknüpft ist, wo individuell-moralische Werte nicht propagiert und honoriert werden, ist es sehr viel schwerer, sie auch zu leben. Dies um so mehr, wenn die These des Hallenser Psychotherapeuten Hans-Joachim

Maaz in seinem Buch über den *Gefühlsstau. Ein Psychogramm der DDR* stimmt, daß die Entindividualisierung wie die Abhängigkeit der Person vom Kollektiv sehr früh durch das Krippensystem gefördert wurden. Die Zusammenhänge zwischen Versorgung, Selbstachtung, Dazugehören und mindestens äußerer Konformität sind dann viel enger als in einem politischen System, das mit einer gewissen sozialen und moralischen Autonomie des Individuums rechnet und sie honoriert. Daß drüben die Repression so drückend und allgegenwärtig war, macht es uns in den alten Bundesländern so schwer, die viel subtileren Anpassungszwänge bei uns zu sehen.

Die Schwierigkeiten der DDR-Bewohner, mit uns über sich selbst zu sprechen, hängen also mit einer weitgehend offenen beruflichen wie moralischen Situation zusammen. Die moralische Unklarheit wird noch dadurch vertieft, daß niemand sicher weiß, ob sich Moral, innere Kohärenz, Selbstachtung und Risiko aufgrund befriedigend gelöster Entscheidungssituationen in Zukunft lohnen werden. Das Moralische wird weiterhin dadurch erschwert, daß die vorher genannten Schwierigkeiten des Überlebens überlagert sind von einer aus dem Westen andrängenden moralischen Aggression, die am besten, im Durchschnitt, zu bewältigen ist, wenn man sich dem Ton der westlichen Medien verschließt und auf eine noch so magere DDR-Identität zurückzieht, die von den Westlern ohnehin nicht verstanden werden kann und vielleicht auch nicht verstanden werden soll.

Es erleichtert ferner Gespräche, in denen im autobiographischen Sinn vom eigenen Selbst die Rede ist, wenn man davon ausgeht, daß auch sehr verstrickte oder linientreue Menschen in der DDR ein Ichideal hatten, dem sie gerecht werden wollten. Manchmal stößt man auch auf widersprüchliche Ichideal-Fragmente. Dies führte zwangsläufig zu einem dauernden inneren Streß. Genau wie die Partei gespalten war in Ideale und reine Machterhaltfragmente, in naive und zynische Strategien, so waren auch die meisten Menschen, die irgendwie mitgemacht haben, vielfach gespalten in widersprüchliche Ichideal- und Überichfragmente auf der einen, in Anpassung und Berechnung auf der anderen. Eine gewisse Abhängigkeit von diesen Idealen oder Imperativen wird im Untergrund, und sei es in Gestalt von Schuldgefühlen, auch bleiben, solange nicht Formen oder Rituale sich finden, die diese weit ins Unbewußte reichenden ideellen oder Loyalitätsbindungen lösen. Neben den Schuldgefühlen gibt es verständlicherweise Varianten des Beharrens auf alten Identitätsfragmenten, die auf der Macht der täglichen Gewohnheit beruhen.

Kein Mensch kann zu viele Identitätsteile oder -kerne ohne Schaden in zu kurzer Zeit austauschen ohne schlimme Folgen. Und kein Mensch kann schlagartig von seinen überkommenen Ängsten Abschied nehmen und einem kollektiven seelischen Raum trauen, in dem politisch-moralische Integrität und offene Selbstbefragungen eine gefahrlose Gültigkeit haben sollen. Dagegen spricht schon die Tatsache, daß bekannt ist oder vermutet wird, an welchen Stellen die alten Kader noch sitzen, die nun »gewendet« die Macht haben, über Arbeitsplätze und soziale Chancen zu bestimmen.

Da der öffentliche Raum für eine seelische Bewältigung der Vergangenheit für längere Zeit noch viel zu gefährlich ist, kommt, so meine ich, dem privaten autobiographischen Gespräch eine besondere Rolle zu, selbst bei denen, die zu Recht mit sozialer Zurückstufung oder juristischer Verfolgung zu rechnen haben. Dieses autobiographische Gespräch, das einen heilenden Raum darstellt, ist aber an bestimmte Voraussetzungen geknüpft, vor allem, wenn es zwischen Ost- und Westdeutschen stattfindet.

Ganz global möchte ich deshalb sagen, daß ich die gegenwärtige Phase der beginnenden seelischen Bewältigung der Vergangenheit, die im öffentlichen Raum wegen der Überlebensstrategien noch kaum funktioniert, für eine Phase der *Freundschaften* halte. Damit meine ich eine von Vorteilsstrategien weitgehend freie Verbindung, die das autobiographische Gespräch erst ermöglicht und die es auch dem Westdeutschen lohnend oder notwendig erscheinen läßt, sich mit *seinem* »Sprechen über sich selbst« einzubringen.

Dafür ein kleines Beispiel: ein höherer Beamter im alten DDR-Außenministerium, zuständig für die Schulung und Betreuung eines Teils des Personals in den Wirtschaftsabteilungen der DDR-Botschaften in Afrika, wird, nach einer Reihe von zunehmend freundschaftlichen Gesprächen, plötzlich sehr ernst, als Frau und 15jähriger Sohn zum Einkaufen aufbrechen. Der Mann, dessen langsames Überdenken seines Lebens ich bewundere, obwohl er in einer beruflich absolut labilen Situation lebt und nicht weiß, ob seine lange Erfahrung in den nächsten Jahren überhaupt noch gebraucht werden wird, gibt zu erkennen, daß er über einen sehr wunden Punkt in seinem Leben sprechen möchte. Es war ihm vor Jahren auf privatem Weg zu Ohren gekommen, daß ein Untergebener, mit dem er früher nahezu freundschaftlich verbunden war, mit dem Gedanken der »Republikflucht« umgehe und verbotene Kontakte suchte. Er muß ihn begutachten auf seine weitere Tauglichkeit hin für den Auslandsdienst. Ein Übertritt nach dem Westen würde vermutlich ihm angelastet, sogar auf zweierlei Weise: man würde in der Behörde an seiner Urteilskraft zweifeln, und man würde ihn der Mitwisserschaft verdächtigen. Dieser Mann, den ich inzwischen als einen Freund bezeichnen möchte, entschied sich damals für ein vorsichtiges Andeuten seiner Zweifel an der politischen Zuverlässigkeit seines Untergebenen. Dieser wurde zurückberufen, verlor seine Erlaubnis für Auslandsaufenthalte und wurde beruflich zurückgestuft. Er ahnte, daß mein Gesprächspartner nicht ganz unbeteiligt war, obwohl die abschließende und beruflich folgenreiche Beurteilung von der Staatssicherheit abgegeben wurde.

Es kam bei der Rückkehr des Mannes von seiner Botschaft mit dem Vorgesetzten zu einer heftigen Auseinandersetzung, bei der mein Gesprächspartner sich nicht getraute, die Wahrheit zu sagen. Mein Freund sprach von seiner Hoffnung, diese Angelegenheit, die ihn in einer immer wieder abgeschotteten Kammer seines Herzens bedrückte, zu klären. Er wußte aber noch nicht wie, und fürchtete in der gegenwärtigen Situation des Überlebenskampfes selbst berufliche Nachteile und eine vernichtende moralische Verurteilung, wenn er sein moralisches Versagen eingestünde. Er sagte mir, er habe über diese uns angesichts des Wissens über die Summe der Stasi-Vergehen vielleicht nicht riesig erscheinende Gewissenslast noch nie mit seiner Frau gesprochen. Er war in Sorge, ihre Beziehung könne Schaden nehmen, weil sie, aus einer christlich geprägten Familie stammend, den Zwängen des DDR-Realsozialismus sehr viel distanzierter gegenüberstand. Alle Schritte, die vor ihren Augen keinen Gefallen gefunden hätten, hielt er geheim, schöpfte aber auch aus ihrer klareren moralischen Haltung während der zurückliegenden Jahre immer wieder die Kraft, keine gröberen Unrechtshandlungen zu begehen.

Ich habe dieses Beispiel sehr verkürzt wiedergegeben, weil es die Vielschichtigkeit der Probleme anzudeuten erlaubt, die sich bei Gesprächen mit DDR-Bürgern für beide Seiten ergeben können.

Diese Gespräche sind besonders dann faszinierend, wenn spürbar wird, daß der Gesprächspartner an einem neuen seelischen Entwurf von sich arbeitet. Man darf Zeuge oder gar Helfer dabei sein, wie ein verdrängtes oder im nahezu geschlossenen Universum des DDR-Sozialismus hintangestelltes Gewissen nachträglich wieder zu funktionieren beginnt und Chancen für seine Entlastung, Läuterung und für Wiedergutmachung sucht. Ein solches Sich-Anvertrauen hat Folgen: man beginnt in der eigenen Biographie nach Situationen zu suchen, in denen man selbst Entscheidungen in einem ethischen Zwielicht getroffen oder seine eigenen

Standards verraten hat. Selbst wenn man verschont geblieben ist von politischen Prüfungen, in denen man selbst vielleicht nicht bestanden hätte, entsteht langsam ein innerer freundschaftlicher Raum. In ihm nimmt man mit einem nicht zu leugnenden Gefühl von Rührung oder sogar Glück wahr, daß jemand einen in Anspruch nimmt für einen neuen Umgang mit sich selbst. Man spürt dann auch, daß die sogenannte Bewältigung der Vergangenheit, hinter aller öffentlichen Proklamation, mindestens in dieser Phase, aber vielleicht in allen Zeiten, eine extrem private, ja intime Seite hat.

Es wird zwar viel geschrieben, gesprochen, gemalt und gefilmt werden, und künstlerische Aussagen über die Jahre der Diktatur werden, so ist zu hoffen, vielen durch exemplarischen Ausdruck einen Anstoß geben, um in Würde und wiedergewonnener Integrität mit der Vergangenheit fertig zu werden. Ich möchte aber doch aus bewegenden Begegnungen festhalten, daß sich ein neues Wachstum einer freien Persönlichkeit (und dies gilt auch für uns Wessis) mindestens teilweise in einem privaten Schutzraum vollziehen muß. Deshalb will ich die These, daß wir, was die seelische Bewältigung der Vergangenheit der DDR und unseren möglichen westlichen Beitrag angeht, in der Phase der Freundschaften leben, zum Schluß noch einmal wiederholen.

Dies gilt um so mehr, weil man die Befindlichkeit drüben wohl am besten erfaßt, wenn man von einer Phase tiefer Bitterkeit spricht. Ein Teil der bitteren Sprachlosigkeit auf einer tieferen Ebene stammt, trotz vielen Redens, aus der Scham über viele Verluste von

Sicherheit und Kompetenz, über Irrtum und Demütigung. Mitfühlende Freundschaften helfen beiden Seiten, die Brücke der Sprache zu bauen.

Wer seid ihr, wie habt ihr gelebt? Ermunterung zur Freundschaft – Eine Chance beim Zusammenwachsen der Menschen in Deutschland

Im frühen Winter der Wende erhielt ich von einem Kollegen in Ost-Berlin für Interviews einige Adressen, darunter auch von Menschen, die »in mittlerer Höhe« im Staats- oder Rechtfertigungsapparat der SED saßen. Mir kam die Reise damals subjektiv fast wie eine ethnologische Exkursion vor, so weit war die innere Entfernung von der DDR: sie war, wie es viele, vor allem Jüngere, bis Fünfundvierzigjährige, immer wieder sagten, in viel stärkerem Maße Ausland als noch das entfernteste europäische Land. Da ich vorwiegend fragte, wie sie seelisch und geistig gelebt hätten, ohne Vorwurf und Zorn, erzählten manche bald ihre Lebensgeschichte, und als sie merkten, ich enthielt mich eines moralischen Urteils (das ich als Staatsbürger gegenüber dem System sehr wohl hatte), entstand eine Nähe (keine ideologische), über die ich staunte und über die sie selbst staunten. Es war der Beginn eines »Wir staunten«, das mit einigen von ihnen bis heute trägt. Ich nehme seither freundschaftlich an ihrem Prozeß teil: dem Risiko, sich in der Flut der Ereignisse eine neue, eigene Meinung zu bilden. Und Meinungen, wenn sie etwas taugen sollen, sind in der Seele verankert, nicht nur im Kopf, und brauchen ihre Zeit, um zu wachsen. Und sie nehmen teil an meinem wachsenden Verstehen für ihren partiell oder auch stärker gekrümmten Lebensgang wie an meiner neuen Verständigung über mich selbst und meinen Platz in der Welt, falls soviel Betonung des Subjektiven nicht etwas pathetisch klingt. Sie nehmen teil an den neu angestoßenen Überlegungen, was ich an meiner Gesellschaft und meinen Verhaltensmöglichkeiten gut finde und was nicht.

Freundschaften lassen sich nicht planen. Aber man kann sie durch institutionelle Hilfe fördern, und einzelne können sich zum Wunsch nach Freundschaften bekennen und Schritte unternehmen, dieses Ziel zu erreichen. Es ist merkwürdig, wie selbstverständlich es uns ist, zum Beispiel für Jugendliche die Möglichkeit zur Bildung von Freundschaften zu organisieren: mit den befreundeten westlichen Demokratien sind vielfältige Institutionen entstanden, die im Dienst des Kennenlernens und des Abbaus von Fremdheit, Vorurteilen und Fehlurteilen stehen.

Bisher scheint es an Organisationen zu fehlen, die sich freundschaftliches Kennenlernen auf der Ebene vieler einzelner in bezug auf die Deutschen in Ost und West zum Ziel gesetzt haben. Natürlich gibt es viele Begegnungen, vor allem auf beruflicher Ebene. Die Kirchen organisieren Besuche und Gegenbesuche, die Schulen werden von einigen Kultusministerien ermuntert, Klassenfahrten in die ehemalige DDR zu machen, Lehrer werden aufgefordert, Kontakte zu Lehrern drüben aufzunehmen. Journalisten erschließen sich »drüben« Bekanntenkreise und Informanten. Es gibt haufenweise Kongresse, auf denen man sich trifft. Viele Berufsverbände sind mit Kontakten, Angliederungen,

Übernahmen beschäftigt. Und doch handelt es sich in vielen dieser Begegnungen nicht im eigentlichen Sinne um Freundschaften; sie können sich höchstens als zusätzliche Dimension entwickeln.

Das Paradox, daß sich Freundschaften in massenhafter Form nicht eigentlich planen lassen, läßt sich vielleicht doch auflösen, wenn die These richtig ist: ein vertrauensvolles Zusammenwachsen dessen, »was zusammengehört«, bedürfe eines vielfachen Unterbaus von Freundschaften, weil solche Beziehungen, neben Liebesbeziehungen, die einzigen sind, die nicht mit allzuviel geschäftlichen, politischen oder verbandlichen Zwecken unterfüttert sind.

Gerade in der gegenwärtigen Phase einer wachsenden Enttäuschung und Verbitterung drüben, der Desorientierung und der Zukunftsangst, dem weitverbreiteten Gefühl der Überfremdung, der Überprüfung, Evaluation und Abwicklung, der Schließung, Zerstückelung oder Neugründung von Unternehmen, Verwaltungen, Instituten, die zu vielen Kontakten mit politisch-ökonomischen Zielen führen und zu vielen Gesprächen, die strategisch, prüfend und planend geführt werden, sind, auf einer ganz anderen Ebene, Freundschaften wichtig. Sie haben eher zu tun mit Neugier, Vertrautwerden, mit dem Austausch von Lebensgeschichten, mit Diskussionen und vielen Fragen, auch mit Unternehmungen des geselligen Zusammenlebens, die keinem weiteren Zweck dienen als dem eigenen Wohlbefinden und dem eines vertieften Wahrnehmens der »anderen«.

Wer nicht aus beruflichen Gründen, von den Chancen und Leiden verwandtschaftlicher Bindungen abgesehen, Menschen von »drüben« begegnet, wird sich fragen: »Wie soll ich denn jemand kennenlernen, der mich interessiert?«, aber auch: »Wie soll ich denn jemand kennenlernen, den ich interessiere?« Scheu und Befangenheit mögen eine Rolle spielen, auch andere, ganz merkwürdige Gefühle, die denen gleichen, wenn einer vielleicht ganz im stillen erwägt, ob er eine Kontakt- oder Heiratsannonce aufgeben soll. Es sind die Gefühle, die aufkommen, wenn man sich den Wunsch oder die Sehnsucht nach einem noch unbekannten Partner eingesteht und sich daranmacht, für die Erfüllung dieses Wunsches geeignete Schritte zu unternehmen.

Nach fünf Reisen in die frühere DDR, die der einfachen Frage dienten: »Wer seid ihr, und wie habt ihr gelebt?«, glaube ich sagen zu können, daß es »drüben« bei vielen Menschen eine vielleicht vielen noch nicht einmal bewußte Sehnsucht nach Freundschaften mit Menschen aus den alten Bundesländern gibt. Drüben scheint vielen das Zutrauen noch schwerer zu fallen, Menschen aus dem Westen könnten an Freundschaften interessiert sein. Dort spielen, neben der Fremdheit, der Befangenheit und der Scheu vor Initiative vielleicht auch mit: Angst vor dem eigenen Neid, vor den hochnäsigen Urteilen der »Wessis«, Angst, beurteilt zu werden, Angst vor den moralisierenden Fragen und sehr viel Mißtrauen hinsichtlich der Motive, die der Suche nach »erkennenden« Freundschaften zugrunde liegen könnten. Umgekehrt gibt es bei uns eine Sorge, die noch aus der Päckchenzeit und der Phase der Reisen vor der Währungsunion stammt: die »Ossis« seien gierig, anklammernd und auf Versorgung mit Westwaren oder Hilfeleistungen bedacht. Ich selbst habe das nicht erlebt, aber bis in den Sommer 1990 gelegentlich diese Klage gehört. Wenn eine Freundschaft gedeihen soll, muß man klarstellen, daß es nicht in erster Linie um konkrete Hilfestellung geht.

Eine zweite, wichtige These ist die: Ein wirkliches Verstehen dessen, was Leben in einer Diktatur bedeutet hat, kommt nur zustande, wenn man das, was man im Westen aus Fernsehen, Zeitungen und Büchern entnimmt, noch einmal hört, aber in der Brechung realer Lebensläufe. Und die »Ossis« ihrerseits werden, soweit sie nicht durch Politik und Geschäft mit den neuen sozialen Regeln zwangsläufig vertraut werden, unsere gelebten Identitäten im Kapitalismus und der sozialen Marktwirtschaft, aber auch innerhalb unserer gesellschaftlichen Kultur oder Unkultur nur verstehen, wenn sie einzelne Biographien aus vertrauter Nähe zu begreifen, ja zu achten und zu erkunden lernen.

Deshalb, inmitten des Paradoxes, Freundschaften könnten nicht massenhaft organisiert werden, ein kleines Rechenexempel: wenn nur jeder zwanzigste der erwachsenen »Bundis« sich mit einem »Ossi« befreundet im Sinne einer geschwisterlichen Neugier, aus der sich in der Hälfte der Fälle eine Freundschaft entwikkeln mag, dann könnte sich eine Kultur des Austauschs bilden, die tiefer geht als die noch für lange Zeit alles abdeckenden Strategien von Überleben drüben und Angst vor dem großen Teilen bei uns.

In der Hoffnung, daß das Allgemeine im Individuellen sich spiegelt, sage ich: die menschliche Bereicherung, die sich aus dem vertieften Verstehen von Lebensläufen drüben ergibt, ist kaum zu überschätzen, und ebenso bereichernd ist es, von Menschen drüben zunächst zögernd, dann kühner befragt zu werden über die Entscheidungs- und Gefühlslinien der eigenen Biographie in Westdeutschland. Man versteht sich, die eigene Geschichte, aber auch die Geschichte der eigenen Herkunftsfamilie, die ja zwangsläufig in die Zeit des Nationalsozialismus zurückreicht, mit welchen Schattierungen von Verstrickung auch immer, ganz neu, wenn man einmal einen Lebensgang unter dem SED-Sozialismus nicht nur aus freundschaftlicher Nähe in seinen inhaltlichen Dimensionen »anschaut«, sondern konkret erfährt, wie jemand mit wachsendem Vertrauen in den Zuhörer seine Lebensgeschichte erzählend erlebt und neu ordnet und über manche Schritte anhand unserer Fragen auch neu nachdenkt.

Das gleiche gilt natürlich auch umgekehrt, und doch scheint es fast zwangsläufig so, als seien wir im Westen erst einmal stärker die Fragenden. Der Blick auf die eigene »Lebensgeschichte in der Geschichte« schärft sich erst dann, wenn urplötzlich die konfrontierenden politischen Diskussionen aufbrechen, die nicht zu umgehen sind und auch gar nicht umgangen werden sollen. Wer drüben Freundschaften schließt, muß damit rechnen, daß er sich plötzlich in weltanschauliche und politische Diskussionen verstrickt sieht, die die Beziehung auch zu gefährden drohen, wenn man nicht weiß, wie tief auf beiden Seiten politische Grundhaltungen, selbst ganz fragmentiert, in verschiedenen Zonen oder Tiefen der eigenen Seele abgelagert sind wie in historischen Schichten: Erkenntnisse, Urteile und Vorurteile, die zurückreichen bis in Schülerzeiten oder in Berichte von Eltern, die man ganz ungefragt übernommen oder verworfen hat. Die Sedimente der eigenen politischen Urteile und Identifikationen auf einmal mit dem Blick oder den aggressiven oder scheuen, naiven oder auch raffinierten Fragen des Fremden zu betrachten bedeutet wahrlich ein Abenteuer, und in manchen Beziehungen muß man sich immer wieder des »Arbeitsbündnisses der Freundschaft« versichern, um nicht bei der Entfremdung stehenzubleiben. Am hilfreichsten ist es, wenn man diese politisch-moralischen Stimmungsschwankungen als eine notwendige Herausforderung bei der Vertiefung einer Beziehung ansieht, ihnen auch Zeit und Raum läßt, sich auszubreiten. Denn man stößt auf viele Bereiche, wo man urplötzlich spürt, wie unbefragt und unüberdacht man in politischen oder sozialen Überzeugungen und Gewohnheiten steht, die sich nie einer diskutierenden Überprüfung stellen mußten. Die Chance im freundschaftlichen Gespräch ist gerade der »Blick von außen«, den wir uns, mit dem Blick einer wachsenden Solidarität, in beiden Richtungen schenken können

Rede ich dabei doch wieder einem instrumentalisierenden Verständnis von Freundschaft das Wort? Ja und nein. Natürlich hat es auch eine politische Bedeutung, wenn auf möglichst vielen Pfaden einer menschlichen Annäherung der Graben der Fremdheit und der Bitterkeit überwunden wird. Aber im Mittelpunkt des Interesses steht das menschliche Wachstum auf beiden Seiten, das Erkennen, wie aus dem Dickicht von Projektionen auf dem Boden der Unkenntnis sich Einzelschicksale abzeichnen und sehr langsam Kontur annehmen und wie sich in diesem Erkennen des anderen auch die Wahrnehmung der eigenen Person vertieft.

Denn zumindest an verborgenem menschlichem Reichtum sind wir denen drüben nun wahrlich nicht überlegen. Manches an unserer »Differenziertheit«, die wir aus freierem Diskutieren, aus freiem Reisen, Lektüre und den Wellen und Moden seelischer und sozialer Selbstverwirklichung gewonnen zu haben glauben, erweist sich oft recht rasch als ornamentales Beiwerk. Denn selbst wenn die »drüben« mehr als fünfzig Jahre Diktatur und Einengung individueller und politischer Entfaltung hinter sich haben: es hat keine anthropologische Veränderung stattgefunden im Sinne einer bleibenden seelischen oder ideologischen Einschränkung. Mögen auch West-Psychologen, die drüben in den letzten Monaten oder auch schon Jahren Gruppen geleitet haben, voller Erstaunen berichten, wie ängstlich und schweigsam die ersten Stunden und Tage im Gruppenprozeß verlaufen: das uns selbstverständliche Instrumentarium des Austauschs von Gefühlen und direkten, selbstbewußten Reaktionen mag eingeschränkt sein. Aber unter dieser Schicht von Ungeübtheit, auch im freundschaftlichen Gespräch, kommen andere Formen von Differenziertheit zum Vorschein: von »wahrnehmender Passivität« und sich selbst verhüllender Neugier, die wohl lange eine erzwungene Tugend war und die doch ein Potential der Neugier enthält, das uns auch in der Selbstbegegnung zugute kommen kann.

Freundschaftliches Verstehen erschließt einen Bereich, der jenseits aller Strategie und Vorteilssuche liegt und liegen muß. Der ungeheuer »extrovertierten« Arbeit an der politischen und ökonomischen Rekonstruktion eines ganzen Staates muß das »introvertierte« Erkennen vieler einzelner zur Seite treten, sozusagen als die seelische Feinarbeit an der Wiedervereinigung. Dies ist nicht politisch zu instrumentalisieren oder zu organisieren, es kann nur erleichtert und ermutigt werden. Es ist verbunden nicht mit meßbarem politischem und ökonomischem Gewinn, sondern mit dem privaten Glück der Annäherung an Menschen. Und doch ist es kein Rückzug in die Nischen des Privaten, weil alle freundschaftlichen Gespräche zwangsläufig durchsetzt sind mit politischen und sozialen Themen. Die Freundschaften mit Menschen von drüben sind deshalb, und das ist ein Geschenk der Geschichte, angereichert mit existentiellem Ernst, neben dem einem manch angestrengtes Gespräch über den Zeitgeist hier gelegentlich schal und tändelnd vorkommt.

Viele von uns, bis in ihre hohen Fünfzigerjahre, sind von solcher existentieller Einbettung in Geschichte und Ideologie, die das Subjekt fordert und bedroht, fast unberührt geblieben. Historie war für sehr viele von uns Bildungserleben und Diskussionsgegenstand, drüben Bedrohung und Prägung bis in verborgenste Seelenfalten.

Aber plötzlich spürt man in den Begegnungen auch als Westler historische und sozialpsychologische Prägungen in der eigenen Person, die nur nicht sehr bewußt waren, weil der Spiegel von drüben ein Zerrspiegel war, in den man nicht zu schauen brauchte, weil er uns von vornherein als getrübt, zerbrochen und ärmlich galt.

In der freundschaftlichen Annäherung setzt sich aber dieser Spiegel wieder zusammen, und plötzlich hat man, unerwartet, unter Erwachsenen Tränen in den Augen beim Abschied, wenn das Gespräch für Wochen oder Monate wieder ruhen muß. Ich kann es ertragen, wenn dieses Werben für Freundschaften zwischen Ost- und Westdeutschen als pathetisch belächelt wird. Wer sich darauf einläßt, wird das noch zerbrechliche Glück selbst erleben, und das Pathos, das uns nach der Öffnung der Mauer fast alle erfaßt hatte und das in den Worten »Wahnsinn« seine noch stammelnde Bezeichnung erfuhr, setzt sich auf eine stillere Weise fort: wenn die vielen kleinen Mauern fallen, die in den Herzen und Hirnen gewachsen sind. Es ist die alltägliche Öffnung einer Grenze, die sich in Freundschaften vollzieht.

Wer Freunde drüben wirklich sucht, wird sie finden. Am leichtesten mag der Weg sein über Anknüpfungen auf der Ebene des eigenen Berufs. Aber auch Westler, die drüben schon Menschen gut kennen, können Adressen vermitteln. Es ist noch die Zeit der oft ganz unmittelbaren Gastlichkeit, weil die Hotellerie kaum funktioniert. Die Menschen von drüben, die keine Westverwandtschaft haben und nicht beruflich reisen, sind froh über Einladungen. Neugier auf Menschen ist Voraussetzung. Es geht nicht um Wiedergutmachung oder schuldgefühlige Mildtätigkeit, sondern um die Lust am Kennenlernen. Manchen mag es locken, auch Menschen drüben kennenzulernen, die politisch verstrickt waren. In einer noch geheimeren Kammer ihres

Herzens sehnen sich auch die nach freundschaftlicher Diskussion und Befragung. Man staunt, wie differenzierte Schicksale sich in vermeintlich Linientreuen verbergen. Wer wirklich kriminelle Schuld auf sich geladen hat, wird sich vielleicht noch verschließen. Aber für viele von denen, die ahnen, daß sie einem Unrechtsregime aufgesessen sind und es durch Konformismus, ideologischen Eifer und politischen Opportunismus gestützt haben, ist das Gespräch im vertrauten Kreis mit Westdeutschen oft ein viel günstigerer Raum, über sich zu sprechen, als in Beziehungen drüben, die sich auf unberechenbare Weise ändern, von neuen Rivalitäten durchzogen sind. Einige Freunde drüben haben mir auch gesagt, sie vermieden das Gespräch mit früheren Freunden und Arbeitskollegen, weil, wenn sie sich treffen, leicht die Trauer, ja die Fassungslosigkeit zum Vorschein kommt darüber, wie und wo man mitgemacht hat und wieviel Zweifel man verdrängte, um nicht aus Arbeit und sozialem Zusammenhang herauszufallen. Freunde aus Westdeutschland bedeuten also, weitab von aller allzu konkreten Hilfe, schon insofern ein Geschenk, als sie drüben Gespräche in Gang bringen, die ohne sie vielleicht nicht geführt würden. Umgekehrt fühlt man sich selbst beschenkt durch die neue Form des diskutierenden Nachdenkens, auch über sich selbst.

Wo bleibt die Psychologie im Prozeß der Vereinigung? Es fehlt in den alten Bundesländern an Verständnis und an Hilfe beim erzwungenen Identitätswandel

Selbst die Amerikaner haben nach 1945 sich mehr Gedanken gemacht über die seelischen Prozesse bei der Einführung einer neuen Gesellschaftsordnung als wir Westdeutschen in bezug auf die alte DDR. Für Politik, Wirtschaft, Verwaltung und Kulturinstitutionen ist es selbstverständlich, daß »drüben« Beratung angeboten wird und konkrete Mithilfe, Geld inzwischen en masse, Know-how, Seminare für alles mögliche. Auch war es früh selbstverständlich, gemischte Kommissionen einzurichten, um die Übergabe oder den Austausch von Kenntnissen abzusichern.

Im Bereich der Seele von Menschen, die, zum Teil engagiert, zum Teil drangsaliert, mit vielen möglichen Schattierungen, in Jahrzehnten gewachsene Identitäten verändern sollen, herrscht, von Einzeldiskussionen und wenigen Tagungen abgesehen, Schweigen. Ich habe eine Reihe von Kollegen gefragt, ob sie von gemeinsamen Kommissionen oder Runden Tischen auf dem Feld des seelischen Verstehens der Prozesse des Zusammenwachsens gehört hätten. Sie haben alle verneint. Vielleicht sind mir Initiativen entgangen. Dann bestätigen die Ausnahmen die Regel.

Die psychologischen und psychotherapeutischen Verbände sind natürlich »drüben« aktiv, beratend und helfend wie kolonisierend, und nicht selten stößt man dort, neben Dankbarkeit, auf erheblichen Groll auf westliche Funktionäre, die die Therapeuten belehren oder ihnen unsere Standards beibringen wollen. Profis, die die Wirkung ihres Auftretens von Berufs wegen abschätzen können müßten, sind vielfach in die gleichen Fallen getappt wie alle anderen Berater, Abwickler, Lehrer und Belehrer, Helfer und Investoren, Käufer und Aufkäufer. Aber auch die Psychologen und Psychotherapeuten von drüben haben durch eine scheue Demutshaltung oft dazu beigetragen, daß ihr eigenes Potential eher im Schatten der Aufmerksamkeit blieb.

Erst die neuen Montagsdemonstrationen und sich häufende Stimmungsberichte von drüben haben die öffentliche Wahrnehmung darauf gelenkt, daß in den neuen Ländern der Faktor PSY auch eine schwerwiegende Rolle spielen könnte. Allenfalls haben die Politiker das Wort von der »unzureichenden Motivation« in den Mund genommen, aber so, daß denen drüben klar war, daß sie sich in einem gravierenden Mangelzustand befinden. Es sind vorwiegend beinahe ethnologische Aussagen, die im Bereich der Wirtschaft wie der Politik über die Menschen drüben gemacht wurden.

Was überfällig wäre, ist die Einrichtung und Förderung von gemischten Gruppen psychologischer Fachleute, die sich kundig machen, wie hüben und drüben gedacht und gefühlt wird. Der Vorwurf von human engineering und Seelenplanung wird nicht lange auf sich warten lassen. Aber darum geht es nicht. Wenn eines deutlich wurde in den letzten Wochen und Monaten, so dies: daß die Menschen sich allein gelassen fühlen, daß die Zahlen derer, die sich drüben nicht verstanden, ja nicht einmal wahrgenommen, höchstens in ihren Reaktionen kritisiert vorkommen, dramatisch wuchs, laut Infas Ende März 1991 auf knapp 75%. Und mehr als die Hälfte war überzeugt, daß sie von den »Wessis« über den Tisch gezogen würden, oft auch ohne daß sie es gleich merkten.

Da wird Bewältigung der Vergangenheit gefordert, Initiative, Mut, Umdenken, Vertrauen, aber keiner weiß, woher es kommen soll, erst recht nicht, was die Bedingungen ihres Entstehens und ihres Wachsens angeht. Nächstes Jahr, so heißt es, wird der Aufschwung greifen. Also Mut! Viel mehr hört man nicht.

Würden sich die Schriftsteller von hüben und drüben nicht zum Teil bis aufs Messer bekämpfen, einige Maler aus dem Westen denen drüben nicht alle Qualitäten absprechen und sie global zu angepaßten Schurken erklären, viele Intellektuelle hier sich nicht eher abwenden von dem gigantischen Prozeß, so könnte man das Verstehen leichter der allgemeinen intellektuellen Aktivität überlassen. Aber sie reicht nicht aus, ist auch zu selbstgefällig. Drüben wächst die Bitterkeit noch, weil der verheißene Aufschwung nicht kam und die einströmende Warenwelt schon sehr bald, trotz der intensiven Verlockungen der Werbung und der Schaufenster, nach einigen Käufen die Meßlatte der knappen Löhne übersteigt. Da alles verfügbar »scheint«, wird der Verzicht immer schwieriger.

Aber das wäre noch auf der Ebene des gesunden

Menschenverstandes zu begreifen. Schon gibt es ja Initiativen, drüben anders zu werben als hier. Doch eine Reihe von inneren Vorgängen sind nicht mit dem gesunden Menschenverstand allein zu erfassen. Sie wollen erforscht sein, mitgeteilt, diskutiert und in mögliche Ratschläge und neue Formen des Umgangs miteinander umgewandelt oder verwandelt werden.

Ein paar Beispiele: Selbst kluge und, soweit es drüben möglich war, weltgewandte Menschen verzagen ob der Flut der Formulare, der bürokratischen Arbeit (Versicherungen, Krankenkassen, Rentenfragen, Rechtsfragen, Grundstücksfragen, psychische Probleme bei der beruflichen Umstellung, Abwicklung, Evaluierung, usw.). Es sind lauter erzwungene Identitätsveränderungen, manchmal kleine, aber sie summieren sich, bis Groll entsteht. Die eigene Kompetenz der Menschen drüben wird so radikal in Frage gestellt, auch bei einfachen Dingen. Viele Ostberliner Autofahrer fühlen sich in Westberlin unsicher, sie versuchen Fahrten dorthin, wann immer es geht, zu vermeiden, falls sie nicht auf diesem Gebiet besonders abenteuerlustig sind. Es sind ja nicht die bewußten, sondern die tief ins Unbewußte abgesunkenen Ängste, daß im Westen die Räuber und Rowdies wohnen und daß man dem Fahrstil dort nicht gewachsen sein könnte. Dies ist nur ein kleines Beispiel, man könnte sie häufen. Der Trabi wird häufig nur noch belächelt, wenn nicht auf die Seite gehupt, falls nicht Schlimmeres geschieht.

Die Menschen wurzeln, wie wir im Westen auch, tief in den Sedimenten ihrer Geschichte. Alle Schichten der Biographie sind durch Gefühle, Annahmen, Urteile und Vorurteile, verdautes und unverdautes Lerngut gefärbt. Es brodelt im Inneren, der Streß der Umstellung, der Neuorientierung nimmt zu. Selbst unter akademisch Gebildeten führen Gespräche, je länger man sie mit einzelnen vertieft, auf beiden Seiten erst einmal zur Feststellung: Wir sind uns noch fremder in vielen Ansichten und Erfahrungen, als wir bisher dachten.

Auf die Menschen in den neuen Ländern prasseln täglich viele Kränkungen ein, an die wir nicht denken. Aus den Medien quillt noch immer die genüßlich vorgetragene Diagnose: »verrottet«, »marode«, »heruntergewirtschaftet«, und viele ähnliche Ausdrücke mehr, von der moralischen Aggression ganz zu schweigen. Ein ganzes Volk fühlt sich vereinnahmt und abgewertet.

Der globale Kompetenz- und Sicherheitsverlust eines großen Bevölkerungsteils hinterläßt Spuren, die nicht in Monaten zu tilgen sind. Da die Menschen von drüben selten auf »Verstehen« stoßen oder selten ihre Gefühle und Ansichten mit aufmerksamen Menschen aus dem Westen diskutieren können, schließen sie sich wieder untereinander enger zusammen.

Es gibt drüben Subkulturen der Einschätzung von uns Westdeutschen, die sich auch wieder tief eingraben. Umgekehrt ist es genauso. Es sollten sich Forschungs- und Beratungsinitiativen bilden. Denn es dauert auch in gemischten Kommissionen aus Fachleuten schon geraume Zeit, bis die sich aneinandergefragt und -gestritten haben. Solche »Runden Tische« des psychologischen Verstehens sollten dann von den Medien wahrgenommen werden.

Man mag es bedauern oder verleugnen: die Diagnosen des gesunden Menschenverstandes führen oft zu neuen Kränkungen. Wo soll der gesunde Menschenverstand es herhaben, was Jahrzehnte des Lebens und Aufwachsens unter den Bedingungen der Diktatur bedeuten? Und wo sollte der gesunde Menschenverstand herkommen, der den Menschen in den neuen Ländern eingeben könnte, was die Psychologie der Westdeutschen ausmacht und wie mit ihnen ohne allzu große Wut, Frust und Mißtrauen, Fehleinschätzung oder falscher Bewunderung umzugehen sei? In vielen (Arbeits-) Bereichen gelingt inzwischen die Verständigung: nämlich dort, wo Menschen aus beiden Teilen täglich zusammenarbeiten müssen. Aber auch auf diesem Feld sagten mir erfahrene Leute: selbst bei regelmäßiger Zusammenarbeit und der Bereitschaft, Mißverständnisse immer wieder zu klären, dauert es vier bis sechs Monate, bis ein verläßliches Arbeitsklima und solide menschliche Achtung hergestellt sind.

Wie konnte es kommen, daß ein so stark mit Psychologie und Tiefenpsychologie lebendes Volk, wie die Westdeutschen es durch Forschung, das jahrzehntelange Käuen und Wiederkäuen in den Medien, durch Psychotherapie und das Absinken vieler wichtiger Begriffe und psychologischer Zusammenhänge in das Alltagsbewußtsein geworden sind, daß ein solches Volk an den Prozeß der Einigung mit einer fast einfühlungsfreien Überheblichkeit heranging? Weitab von der erkannten Notwendigkeit, an das menschliche Erleben auf einem einigermaßen abgesicherten Niveau der Erkenntnis heranzugehen? Man müßte die Menschen in den neuen Ländern befragen, mit ihnen diskutieren, gemeinsam mit ihnen forschen. Und man wäre, einfach dadurch, daß sie ihr Leben dort gelebt haben, auf ihr Wissen über sich selbst gestoßen, auf die Summe ihrer Erfahrung und des Umgangs mit ihr. Die Psychologie des gelebten Lebens braucht Geduld und Einfühlung. Seele kann man nicht einfach auf effektivere Prozeßlenkung umstellen. Ich wage sogar die These, daß der Bereich der Psychologie vielleicht der einzige ist, in dem wir unbedingt auf die Kompetenz der reflektierten Menschen drüben angewiesen wären, auf ein geduldiges Eingehen, auf gleichrangige Kooperation. Aber auch die Psychologen und Sozialpsychologen, die Spezialisten von Umfragen über Einstellungen, Vorurteilsprofile, Fremd- und Selbstbilder sind gefragt, die Anwender von längst standardisierten oder auch erst neu zu entwerfenden Tests zur Erhellung von soviel neuen Faktoren.

Um die Menschen drüben zu verstehen, ist man angewiesen auf ihre vertrauensvolle Kooperation und ihre Kompetenz. Aber eben diese Abhängigkeit hat man gescheut. Auf dem Feld des seelischen Verstehens gibt es, und das ist ein Grundgesetz jeder Erforschung anderer großer Kollektive, wenig fundierte und in Interaktion übersetzbare Erkenntnisse, die nicht gemeinsam erworben wurden. Auf diesem Feld wäre aber auch deutlich geworden, daß die Menschen drüben ihren eigenen Blick auf uns haben. Wir müßten uns ihrem Blick genauso stellen wie sie sich dem unseren.

Gemeinsame Kommissionen des psychologischen Verstehens würden aus der Einbahnstraße des fast ethnologischen Sprechens über unsere »Brüder und Schwestern« herausführen. Wir müßten auch ihnen erklären, wie *wir* leben, fühlen und denken, sie nicht einfach mit unserem Sosein zusammenstoßen lassen in der Haltung: »Mach mit und ändere dich, folge unserem Vorbild.« Ohne unsere Bereitschaft, auch uns in ihrem Spiegel zu sehen, bleibt noch für lange eine psychologische Spaltung, die berühmte Mauer in den Köpfen.

Viele Politiker betonen den Großmut unserer Milliarden. Im Bereich des seelischen Verstehens bedeutet Großmut etwas ganz anderes: genaues gemeinsames Hinhören, wie das schon fast abgelaugte Politikerwort vom »Aufeinander-Zugehen« überhaupt mit Inhalt gefüllt werden kann. Psychologische Großmut heißt hinhören, aber dabei auch sich selbst in Frage stellen lassen.

Ratschläge sind auch Schläge, heißt ein Sprichwort. Die Menschen drüben müssen, in anderen Formen als unter ihrem früheren Regime, auch heute täglich Schläge einstecken, selbst wenn sie sich dem freiwillig stellen und es sogar wollen und als Hilfe erleben. Seelische Begleitung wird zunehmend gefordert. Deshalb halten unsere Politiker drüben wieder mehr Reden, um die abgesackte Motivation neu anzukurbeln. Aber das Mißtrauen sitzt inzwischen tief. Ihre ins Wanken geratene Identität verstecken drüben viele, weil sie versuchen, sich gestylt und stromlinienförmig in den Kampf um Arbeitsplätze zu stürzen. Es fehlen die Runden Tische und etwas Geld, um sie zusammenzubringen. Psychologische Begleitung des Prozesses der Annäherung tut not, und je rascher das Feld beackert wird, desto eher wird es Früchte tragen.

Ein Stück der Angst bleibt
Über die Aufarbeitung seelischer Konflikte in der ehemaligen DDR – Gespräche mit verunsicherten Therapeuten

Wir sind in der ersten Stunde des Gesprächs immer wieder erneut befangen, obwohl ich den Kollegen drüben nun zum dritten Mal besuche und ihn einmal im letzten Sommer bei einem Kongreß in Westdeutschland traf. Aber diesmal kennen wir die eigenartige Stimmung schon, die sich einstellt bei Kollegenbesuch aus dem Westen, und deshalb steuert er viel direkter auf seine aktuellen Sorgen zu. »Viele Patienten brechen ab, nach zwei bis drei Stunden, oder auch nach etwas längerer Dauer der Therapie. Die aktuellen Existenzsorgen schieben sich so machtvoll in den Vordergrund, daß an eine kontinuierliche Arbeit an den inneren Konflikten nicht zu denken ist.« Aber der erfahrene Einzeltherapeut, Krisenhelfer und Gruppenspezialist ist selbstkritisch genug, um sich zu fragen, wieviel er wohl in seiner tiefen Verunsicherung selbst beiträgt zu den Sackgassen in den Therapien. Er weiß nicht, wie lange seine Beratungsstelle noch von der Stadt getragen wird, ob das kleine Team aus ärztlichem Therapeuten, Psychologen, Sozialarbeiter und halbtageweise mitarbeitender Gynäkologin und Familienrichter zusammenbleiben kann. Die meisten Klienten bräuchten Ermutigung, konkrete Lebenshilfe, ein Depotpräparat, gemischt aus Zuversicht, praktischer Lebenskunde nach der Wende und täglichen Zuspruch inmitten der allgemeinen Verunsicherung, Zukunftsangst, Unbeholfenheit in vielen neuen bürokratischen Problemen.

Der Therapeut weiß nicht, wie lange sein Träger die Praxisräume, auf die eine Erbengemeinschaft aus dem Westen Besitzanspruch erhebt, noch zu einem erschwinglichen Preis wird halten können. Erst recht nicht, ob er sie selbst behalten kann, falls er, allein oder mit Kollegen, sich dort niederlassen möchte. Er kommt zwar gerade von einem Kurs, den westliche Kollegen zur Nachhilfe bei der Abrechnung angeboten haben, aber das hat ihn eher mutlos gemacht. Plötzlich soll er seine therapeutischen Leistungen, die auch psychiatrische Behandlungen einschließen, in Punktwerten ausdrücken, und es verwundert ihn, mit welcher ökonomischen Routine die westlichen Kollegen mit Umsätzen, Honoraren, angestrebtem Mindestverdienst, ja sogar mit der ökonomischen Folge-Bedeutung von bestimmten Diagnosestellungen umgehen. Er ist angewidert und fasziniert zugleich, genießt einerseits seine kapitalistische Unschuld (»Ich konnte das tun, was für den Patienten gut war, ohne Gutachten und frisierte Diagnosen«), andererseits spürt er die Verlockungen privater Abrechnung. Selbständiger kleiner Unternehmer in Sachen Psychotherapie zu werden, ist aber immer noch ängstigend, vor allem, weil vollkommen unsicher scheint, ob auch bei schwereren Depressionen, Schlafstörungen, Familienkonflikten, wie sie angesichts der Angst um den Arbeitsplatz, der Abwicklungen und Evaluierungen sicher gehäuft vorkommen, Leidende Hilfe bei Psychotherapeuten suchen werden. Auch Menschen, die nicht unmittelbar von der wirtschaftlichen Unsicherheit betroffen sind, zögern. War psychotherapeutische Hilfe ohnehin schon etwas, das man drüben lieber geheimhielt, so ist in diesen Monaten die Angst noch größer, als krank, labil oder verrückt gebrandmarkt zu werden und Chancen auf dem engen Arbeitsmarkt zu verlieren.

Manchen Therapeuten fehlt es selbst an der gelassenen Zuversicht, die nötig wäre, den von sehr konkreten Sorgen bedrohten Menschen Mut zu machen. Fast könnte man sagen, es habe partiell ein Funktionswechsel stattgefunden: Trost, Rat und Ermunterung sind mehr gefragt als die Arbeit an seelischen Konflikten. Der Therapeut ist selbst noch nicht mit einem Menschenbild vertraut, das Initiative, Durchhalten in Unsicherheit, Fortbildung ohne genau bestimmbares Berufsziel verlangt. Er, der diese Zuversicht ausstrahlen soll, ist selbst unsicher und bedrückt und erlebt sich entweder als unaufrichtig, wenn er »auf Optimismus macht«, oder als tumb Gläubiger oder sogar als Verräter, der plötzlich Vertrauen in die vorerst noch leeren Verheißungen der sozialen Marktwirtschaft ausstrahlen soll, auch wenn er früher nicht ein überzeugter Anhänger des Sozialismus war.

Reale Bedrohung und Ängste aus inneren Konflikten überlappen sich, und zwar bei Patienten wie manchen Therapeuten. An einem gelassenen Umgang mit den moralischen Problemen der Vergangenheit ist oft noch nicht zu denken. Wenn zu Unsicherheit und Zukunftsangst noch Scham und Schuld aus der Vergangenheit kommen oder Groll über erlittenes Unrecht und entgangene Lebenschancen, dann fühlt sich der Therapeut, wie mehrere Kollegen es ausdrückten, »depotenziert«, in der Handhabung seiner Instrumente gelähmt.

In vielen psychiatrisch-therapeutischen oder psychosomatischen Kliniken sitzt der Schock der angestellten Therapeuten noch tief darüber, daß von den Leitern Krankenunterlagen der Stasi zugänglich gemacht wurden. Aber nur in wenigen Einrichtungen sind die kompromittierten Chefs auf Druck des Personals gegangen. Es waren quasifamiliäre Bindungen entstanden. Der Aufstand gegen die Leiter hätte, psychodynamisch gesprochen, Hinauswurf oder Mord in der Familie bedeutet, in der man beruflich gelebt hat oder vielleicht sogar aufgewachsen ist. Trotz Konflikten, Mißtrauen und Differenzen bildete man eine Notgemeinschaft; die Leiter waren oft repressiv und fürsorglich zugleich, menschlich zugewandt und doch, freiwillig oder von der Stasi erpreßt, Zuträger und an zentralen Punkten von eisernem Schweigen umhüllt. Manche Leitungsfunktionen in Kliniken waren nicht zu erlangen ohne die Bereitschaft zur Zusammenarbeit mit der Stasi. Aber von den unbelasteten Mitarbeitern war und ist oft niemand bereit, plötzlich Leitungsfunktionen zu übernehmen. Die geschützten, abhängigen, kleineren Rollen in psychiatrischen oder psychosomatischen oder Sucht-Kliniken galten als weniger korrumpierend und weniger mit gelegentlicher politischer Schmutzarbeit verbunden. Das autoritäre System mit dem genau abgestuften unterschiedlichen Einblick in

Entscheidungen und Netzwerke verhinderte auch, daß Führungskräfte mit der Bereitschaft zur Verantwortung sich ausbilden konnten. In einigen Kliniken kam es früher zu Selbstmorden der verstrickten Leiter. Unsicherheit und Mißtrauen sind bis heute zu spüren. Die latente Frage: wer hat für die Stasi gearbeitet, schwelt in vielen therapeutischen Einrichtungen.

Diese quasi-familiären Verstrickungen in den Institutionen einschließlich der Universitäten könnten auch zum Teil erklären, warum eine Selbstreinigung aus eigener Kraft nicht funktioniert, selbst wenn man sie, gegen die Eingriffe aus dem Westen oder aus den neuen Kultusministerien, lautstark proklamiert: der Aufstand gegen langjährige Vorgesetzte wird eben durch solche Bindungen verhindert. Deshalb gelang es so vielen Professoren, Schuldirektoren und anderen Leitern von Institutionen, die Vertrauensfrage zu stellen, ohne Gefahr, abgewählt zu werden. Die Mitarbeiter, seelisch in der Position von Söhnen und Töchtern geblieben, wagten sich nicht an die kämpferische Absetzung von Personen, denen sie, und sei es in Haßliebe oder wütender Abhängigkeit, verbunden waren.

Deshalb finden sich auch in therapeutischen wie in den Bildungsinstitutionen oft Lähmung und Resignation: die moralische Aggression aus dem Westen verstärkt, durch Trotz und Demütigungsgefühle, wieder die Solidarität mit der alten Führung. Da sie, neben der sichtbaren, noch unsichtbare Macht hatten durch ihre Verbindungen zum Parteiapparat, bleibt ein Stück fast mythischer Angst zurück: sie könnten zurückschlagen, wenn sie doch unabsetzbar bleiben. Und mit

Bitterkeit wird beobachtet, wie oft die am meisten belasteten Klinik- oder Institutionsleiter sehr rasch die Kontakte zu den westlichen Institutionen und Berufsverbänden knüpfen, die sie bereits aus der Zeit kennen, in denen sie zum Teil schon Reisekader waren und andere von diesem Privileg fernhalten konnten.

In vielen therapeutischen Einrichtungen sind auch Stellen aus schlichtem Geldmangel bedroht, so daß sich in eingespielten Teams Rivalität und Mißgunst ausbreiten können. Die Ungewißheiten in bezug auf die formelle Anerkennung der psychotherapeutischen Kompetenzen tun das ihrige, sich unsicher und zwischen den Fronten zu fühlen.

Doch zurück zu den innertherapeutischen Problemen. Eine langjährig in einer psychiatrisch-therapeutischen Beratungsstelle tätige Psychologin weiß sich mit vielen ihrer Kollegen einig: dort, wo seelische Störungen, Krisen, Zusammenbrüche, Verzweiflung, Ratlosigkeit und Verlorenheit zu erwarten wären, vor allem bei intensiv Verstrickten, denen nicht nur der ideologische Halt, sondern auch die verantwortliche Rolle entzogen wurde, werden sich eher und noch auf lange Zeit psychosomatische Reaktionen zeigen und weniger rasch bewußtseinsfähige seelische Krisen.

Das liegt nicht nur an der allgemeinen Abwertung von Psychotherapie als Zeichen von Schwäche und Krankheit, sondern an der bereits erwähnten gesteigerten Angst vor »Negativpunkten«. Deshalb kommen von den »politisch Betroffenen« fast nur die in Therapie, die aufgrund von somatischen Erkrankungen zum Arzt gehen und von dort überwiesen werden.

Trotzdem gibt es inzwischen einzelne Patienten, die hinter der somatischen ihre politisch-seelische Erkrankung in den Mittelpunkt stellen, wenn das wachsende Vertrauen in den Therapeuten ihnen diesen Raum betretbar erscheinen läßt. Er wird sozusagen wider Erwarten entdeckt. Denn sehr viele mehr oder weniger linientreue Sozialisten, aber auch viele andere, erst recht Gegner und Opfer, hätten es (und, wie sich heute an manchen Einrichtungen herausstellt, nicht zu Unrecht) für leichtfertig oder gefährlich gehalten, ganz offenen Einblick in ihr Seelenleben zu vermitteln. Aber es gibt auch Therapeuten, und zwar solche mit großem »seelischen Innenraum«, die betonen: »Ich hätte doch im Leben nie, trotz aller Vorschriften, etwas in die Krankenunterlagen geschrieben, was auch nur entfernt verdächtig hätte sein können.«

Über die Therapie eines Lehrers in Leipzig, der Parteisekretär einer Oberschule war und gleichzeitig informeller Mitarbeiter für die Stasi, berichtet der Leiter einer Beratungsstelle für Suchterkrankungen, und das Einzelbeispiel hat sicher exemplarischen Wert. Der Therapeut spricht von sehr starken Schwankungen in der Selbstwahrnehmung: einmal Rechtfertigung, dann wieder tiefe Einbrüche von Reue, Bedauern, Vernichtungsgefühlen: »Die Schuld wird für immer an mir kleben bleiben.« In solchen Situationen mache er während der ganzen Stunde waschende Bewegungen; er zeige körpersprachliche Zeichen von extremer Verschlossenheit: Arme und Beine quasi verknotet und noch den Finger auf dem Mund oder den zusammengepreßten Lippen, wie um ihn fest zu verschließen. Dann wieder kämen Tränen, Selbstmitleid, in ruhigeren Phasen Überlegungen, ob es möglich sein wird, die Schuld abzuarbeiten. Er hat kritische Schüler drangsaliert, ihnen Unterschriften abgepreßt, sie zu konformen Äußerungen gezwungen, einigen die Schullaufbahn zerstört und Kollegen an die Stasi verraten. Manchmal, sagt der Therapeut, bedaure es der Patient, daß er nicht an einen Gott glauben könne, der irgendwann vergibt. Er selbst sehe jetzt noch keine Möglichkeit, irgendwo Vergebung zu finden. Viele Äußerungen in der Öffentlichkeit, die von Wut oder Verachtung gegen die Stasi getragen sind, stürzen ihn wieder tiefer in seine Einsamkeit und in die Schuldgefühle, von denen er im Augenblick meint, sie müßten »ewig« sein.

Er steht manchmal fassungslos vor den Dingen, die er getan hat. Der ideologische Einklang, das vorfabrizierte gute Gewissen, der Stolz, einer Parteielite anzugehören, funktionieren nicht mehr. Plötzlich scheint ihm das, was für ihn »Pflichterfüllung« war, in einem ganz anderen Licht: er fühlt sich als Sadist, Überwacher, selbstgerechter Verräter. Er fürchtet sogar, daß man ihm seine Vergangenheit in der Öffentlichkeit ansehen könnte.

Die Gegenübertragungsreaktionen des Therapeuten, das heißt, die Gefühle, die der Patient durch seine Gefühlsangebote in ihm auslöst, sind unerwartet heftig: die innere Spaltung in den Staatsbürger, der eigentlich Bestrafung fordert, und in den Therapeuten, der ihm hilft, das enorme Schwanken, die Ängste, die Selbstverurteilung und dann wieder die Übergänge zu Selbstrechtfertigung und Haß allmählich auszupendeln.

Dabei ist wichtig, hinzuzufügen, daß auch in einer der wenigen qualifizierten Ausbildungen zum Psychotherapeuten, die es in der DDR gab, nämlich der »dynamischen« Einzeltherapie (eine Art Deckwort für die psychoanalytische Grundorientierung), das Schwergewicht nicht auf dieser dauernden Selbst-Introspektion des Therapeuten lag. Deshalb ist es für die DDR-Therapeuten eine große Herausforderung, in diesen neuen »politischen« Therapien so stark mit eigenen Gefühlen konfrontiert zu sein.

Es wurde aber bei solchen Berichten über Therapieverläufe, in denen sich politisch Belastete mit ihrer Vergangenheit auseinandersetzten, auch deutlich, daß es etwas wie therapeutisches Glück gibt: wenn der Therapeut Reue spürt, wenn Fragmente von einem korrumpierten Gewissen sich zu erneuern und neu zusammenzufügen beginnen. »Wirkliche Reue versöhnt, und dann nehme ich an etwas ganz Kostbarem teil.« Dann wieder habe man mit stürmischen eigenen Reaktionen umzugehen, wenn etwa die Berichte an eigene traumatische Erfahrungen mit linientreuen Schikanierern an frühere Schulen erinnern, an Repression und triumphierendes Herauskehren der Macht; an Drohungen, daß man die kritischen Schüler schon »kleinkriege«, daß man über sie Bescheid wisse, daß sie sich nicht einbilden sollten, einen Studienplatz zu kriegen, da werde man schon aufpassen!

Da sei er, der Therapeut, manchmal den Tränen nahe und hasse seinen Patienten, nehme ihn übergroß als moralisches Scheusal wahr. Seine Rückkehr zum Thema Schuld, Reue und Wiedergutmachung versöhne ihn wieder, auch seine oft kindliche Abhängigkeit: wenn er nach einer Woche Pause angstvoll in die Stunde komme und fürchte, der Therapeut habe ihn nun endgültig satt, als ein moralisches Scheusal.

Die Therapeuten, so hörte ich, fühlen sich mit solchen Patienten auch getragen von der Vorstellung: hier arbeite ich mit einem einzigen Menschen ein Stück Vergangenheit auf, exemplarisch, aber im Verborgenen. Manchmal komme es ihnen vor wie ein winziger Tropfen auf einem heißen Stein, dann wieder vertrauen sie darauf, daß sich auch in anderen Menschen ähnliche Vorgänge vollzögen, wenn der moralisch-aggressive Dauerdruck zur »Bewältigung der Vergangenheit« aus dem Westen sich vielleicht abschwächt.

Wir sprechen über die Bedeutung dieser Hilfe für den »Klienten«: wie er wohl mit seiner Situation umginge, wenn er nicht den Rückhalt des Therapeuten hätte. Dieser ist sich auf ganz nüchterne Weise klar, daß Krankheit, Alkohol, Zynismus oder das besinnungslose Eintauchen in Arbeit, vielleicht Arrangements mit den »Seilschaften«, vielleicht sozialer Rückzug, die Folge wären.

»Sie kommen ja nicht von selbst in Therapie, wenn nicht eine Krankheit sie erwischt.« Er spricht von der »Gnade der Krankheit«, die in die Therapie führe. Nach einer Reihe von Stunden entstehe in solchen Patienten eine erste Idee von einem kohärenten Selbst, das der Läuterung, der Reue und auch der tätigen Wiedergutmachung fähig sei. Das therapeutische Glück bestehe vor allem in der Hilfe bei der angemessenen Entdeckung der Schuld und der Wiederherstellung der

Selbstachtung, die nicht durch Verdrängen, eigenes Beschuldigen und Selbstmitleid zustande komme.

Eine andere Therapeutin meint, befragt über frühere Möglichkeiten der Therapie: »Ich war kein Widerstandskämpfer, auch kein Held, aber an manchen Stellen konnte ich mich erfolgreich einsetzen für Patienten. Ich konnte, indem ich die Widersprüche, ihre Verzweiflung ausgehalten habe, einen inneren Raum anbieten, aus dem heraus Entscheidungen, Konflikte, Demütigungen ›aufgefangen‹ werden konnten, die sonst zu Zusammenbrüchen geführt hätten. Indem ich heute in der Therapie mit diesem Menschen meine Wut, Verachtung, Angst und Verunsicherung aushalte, büße ich auch ein wenig für die Momente, in denen ich selbst früher feige war.«

In dem Wort »aufgefangen« steckt verdichtet ein ganzes Stück Tragik. Denn die sozialen und politischen Ursachen seelischer Notlagen im beruflichen Alltag durften oft nicht wirklich aufgedeckt werden. Die Frage, welche Rolle die Psychotherapie im früheren System der DDR gehabt habe, bringt fast alle Therapeuten in nachdenkliche Unsicherheit. Sie fangen längst an, sie sich selbst zu stellen. Und manche bekennen offen, daß sie sich oft darüber grämen, daß ihr tiefes Engagement für die Patienten auf einer anderen Ebene doch nur ein Stück Stabilisierung des Systems war, mit dem zu leben und sich zu arrangieren sie im Einzelfall den Erkrankten helfen mußten. Oft genug waren da, wenn das Vertrauen hergestellt war, ja nur andeutende Zeichen des Verstehens möglich, denn offene Sätze gegen Partei oder Ideologie waren zu gefährlich.

Stellvertretend für viele schildert ein Kollege sehr plastisch die merkwürdigen Stimmungen, die mit manchen Patienten vor der Wende entstanden, bis er gelernt hatte, diese Stimmung der Bodenlosigkeit ernst zu nehmen für die Identifizierung des Gegenübers: besonders in Berlin gab es offensichtlich immer wieder Versuche von Partei oder Stasi, Therapeuten auszuhorchen oder der ideologischen Unzuverlässigkeit oder gar Gegnerschaft zu überführen. Dann kamen unauffällige Menschen mit ausgedachten Krankheiten, und auf einmal fühlte sich der Therapeut selbst wie im »Erstinterview«, nämlich einem getarnt politischen.

Ein anderer »Patient«, beredt und anscheinend hochmotiviert, ließ sich in eine Gruppentherapie einweisen und berichtete dort, offensichtlich mit durchaus echt wirkender Scham, von seiner »Impotenz«. Entgegen allen Regeln begann er mit einer anderen Patientin eine Liebesbeziehung, und sie gestand mit hochrotem Kopf, der Arme sei ganz und gar nicht impotent. Der Betroffene erhob sich in der Gruppe, verschwand überstürzt und ward nicht mehr gesehen. Das Lachen der Erleichterung überkommt den Therapeuten auch jetzt noch beim Erzählen des Vergangenen, aber die Szene zeigt, in welch angespanntem Raum sich Psychotherapie vollziehen mußte, zum Beispiel dann, wenn wirklich Leidende aus dem Bereich des »MfI« kamen, also dem Ministerium des Innern, soweit sie nicht, wenn höheren Ranges, in Spezialkliniken versorgt wurden. Sie konnten sich jederzeit auf ihre Geheimnisträgerschaft berufen und in der Gruppe zunächst auch ihre Gefühle zum »Geheimnis« erklären. Es muß mühsam gewesen sein, ihnen den Unterschied zwischen Staatsgeheimnis und offenem Fühlen klarzumachen. Aus dieser Klientel stammten auch die meisten Abbrecher, und man kann sich leicht vorstellen, daß sie bei ihren Oberen nicht die günstigste Stimmung für Psychotherapie als notwendige Dienstleistung verbreiteten.

Auf die Therapeuten der ehemaligen DDR rollt, wie in allen sozialen Bereichen, die Welle der Umorientierung und der Umstrukturierung zu. Manche berichten von arroganten Verbandsvertretern aus dem Westen, die zur Überprüfung der beruflichen Standards anreisten, andere auch von Hilfsangeboten bei der Ausbildung, wieder andere von plötzlichen Abbrüchen bei Supervisionsbeziehungen nach der Wende, als die »Brüder und Schwestern« nicht mehr Exoten unter der Diktatur, sondern verarmte Geschwister aus dem eigenen Clan waren. Ich hörte aber auch von engagierten und hilfsbereiten westlichen Therapeuten, die drüben Supervision anboten, daß sie sich ausgenutzt vorkamen, weil mangelhaft ausgebildete Kollegen drüben mit sehr verdeckten Karten noch schnell einen Schein erwerben wollten für die Zulassung zur Krankenkasse, bevor die Kompetenz wirklich überprüft würde.

Auch in Sachen Psychotherapie erscheinen die Vertreter der westlichen therapeutischen Verbände drüben oft als eine Mischung von kollegialen Helfern und Kolonisatoren, die Brückenköpfe bilden wollen für ihre untereinander zerstrittenen Schulen. Verbandsinteressen stehen oft höher als die Interessen von Patienten, für deren psychosoziale Erkrankungsformen es ja noch gar nicht feststeht, daß unsere westlichen Therapien, angewandt in ihren genormten Standardverfahren, am hilfreichsten sind. Aber viele Therapeuten drüben sind so verunsichert, daß sie sich am meisten von einer raschen Angleichung versprechen, während andere, etwas selbstbewußter, nach konkreter Hilfe Ausschau halten bei der Entwicklung integrativer Therapieformen, für die sie drüben die jahrelange Erfahrung einbringen, und die Westler vielleicht die Supervision, die aber flexibel, fragend, forschend sein müßte und nicht besserwisserisch und Standards herausstreichend.

Vermutlich müssen alle Therapieformen sich an die spezifischen Leiden einer bisher fast unbekannten Klientel anpassen, unbekannt in dem Prozeß des Hineinwachsens in eine unbekannte Gesellschaftsform und bedrückt durch Schädigungen, deren Dimensionen und Einfärbungen auch beim Therapeuten neue Haltungen verlangen. Die im Westen weitgehend gültige abwartende Neutralität, von hiesigen Normalneurotikern vielleicht als hilfreiche Grundhaltung im Lauf der Therapie erkannt, könnte bei vielen Menschen drüben Verfolgungsängste und allzu blühende Projektionen hervorrufen, einen Bruch der viel intensiver notwendigen Solidarität. Deshalb erproben manche Therapeuten, inwieweit sie nicht, zur besseren Strukturierung der für viele Menschen drüben ja neuen Situation, sich auch in ihrem politischen Vorleben in der DDR zu erkennen geben, damit sie für den Patienten Kontur gewinnen; sie sprechen auch mehr von ihren eigenen affektiven Reaktionen, damit der Patient ein Vorbild des Fühlens erhält, natürlich in angemessener Dosierung. Hier ist viel Forschung nötig und viel fragende Kooperation, damit die politische Vergangenheit nicht erst, wie im Westen Jahrzehnte nach 1945, an den Analysen der Kinder und Kindeskinder von Opfern und Tätern erkundet und verspätet aufgearbeitet wird. Beim Wort »Bewältigung« schütteln drüben nicht wenige skeptisch den Kopf oder winken resigniert ab, und manchmal vermuten sie, »Bewältigung« sei vielleicht ein Siegerwort, das, aggressiv eingefordert, eher das Gegenteil bewirke, nämlich Trotz.

Das Thema der System-Stabilisierung wie der politischen Bedrohung der Intimität zwischen Patient und Therapeut im alten System wird inzwischen immer schärfer ins Auge gefaßt. Eine Kollegin von drüben, mit der ich das Thema der politischen Einbettung der DDR-Psychotherapie von meinem ersten Besuch an im Januar 1990 diskutieren konnte, befragte ihre Patienten, die auch schon vor dem Herbst 1989 bei ihr in Behandlung waren. Die Hälfte hatte sich über den Einfluß des »staatlichen Einfluß- und Überwachungsapparates« keine Gedanken gemacht. Von den anderen aber zögerten manche auch jetzt noch, das Ausmaß ihrer Ängste und Verdächtigungen preiszugeben. Sie fürchteten, die Therapeutin könne vielleicht die »Wahrheit nicht wirklich hören und verkraften«. Sie rechneten wie selbstverständlich damit, daß sie als Ärztin in gehobener Position auch für die Stasi tätig sein könnte.

Es ist klar, daß dabei nicht offen über Übertragung und Realität geredet werden konnte, weil die Realität schlimmer hätte sein können als die Übertragung oder weil die Übertragung plausiblerweise für Realität gehalten werden konnte und auch gar nicht aufgehellt werden sollte oder durfte. »Insgesamt muß gesagt werden, daß das feine Netz der Angst und Kontrolle, der Anpassung und Unterwerfung unter die Staatsmacht fast alle menschlichen und gesellschaftlichen Beziehungen infiltriert und gestört hat, auch die therapeutischen Beziehungen.« Aber nicht nur hatten viele Patienten Angst, die Therapeuten könnten »nicht ganz dicht« und allzu sehr ins System eingebunden sein; auch die Therapeuten mußten sich vor manchen Patienten fürchten, selbst wenn das Überprüfungsspiel nicht so groteske Züge annahm wie in dem Beispiel mit dem angeblich impotenten Stasi-Spitzel in der Gruppe. »... es war in vielen Bereichen wichtig, die politische Gesinnung des Kommunikationspartners möglichst rasch zu ergründen, um Angst und Unsicherheit zu mindern und den Grad der Offenheit ... danach zu gestalten. Dieses ständige Testen war uns selbstverständlich.« »Auch wir Therapeuten waren mißtrauisch gegenüber unseren Patienten, besonders wenn sie Parteifunktionen innehatten oder der Ehepartner gar als ›Behördenangestellter‹ (=MfS) angegeben war.« Deshalb wurden Signalsysteme zeichenhafter Art entwickelt, die dem allmählichen Wachsen wechselseitigen Vertrauens den Boden bereiten konnten: etwa bestimmte Plakate im Raum (Gorbatschow z. B.) oder »Symbole, Sprechen in Andeutungen, nonverbale Zeichen ...«, die eine rasche, grobe Orientierung erlaubten. »Manche Patienten nahmen selbstverständlich an, daß wir nach der stationären Psychotherapie Berichte an die Betriebskaderleitung schicken würden – eine Vermutung, die uns immer wieder entsetzte.«

Es gibt, wie schon gesagt, westliche psychotherapeutische Funktionäre, denen es vor allem darum geht, drüben die »westdeutschen« beruflichen Standards einzuführen oder zuerst einmal abzufragen. Das enorme Wissen der vielen nicht-kompromittierten Kollegen drüben, der so ganz anders geartete »therapeutische Innenraum«, der sich bei ihnen gebildet hat, sollte in seinem Wert und seiner Bedeutung anerkannt und genutzt werden. Denn wenn der Begriff der »Nischenkultur der DDR« (Günther Gaus) einen Sinn hatte, dann hier, selbst wenn Staat und Partei nichts unversucht gelassen haben, in die Nischen einzubrechen.

Es könnten sich ganz neue Behandlungsformen entwickeln, sich sehr viel Wissen über psychische Belastungen unter Bedingungen von Diktatur sammeln lassen, über eine »condition humaine«, unter der ein großer Teil der Menschheit lebte, noch lebt und leben wird.

Noch hat ein großer Teil der DDR-Therapeuten Minderwertigkeitsgefühle wegen der Zahl der Lehranalysestunden, dem Ausmaß an Supervision, der Dauer der hiesigen Ausbildungen. Aber rein quantitativ ist das psychotherapeutische Potential der DDR-Therapeuten sicher nicht zu messen. Der große seelische Innenraum, der reflektierte Umgang mit den politischen Variablen des bei uns so enorm geschützten psychotherapeutischen Settings haben mich beeindruckt. Bei allen Einschränkungen, so schien mir, haben bei vielen Therapeuten drüben die bedrückenden Umstände, in denen sie ihren Beruf ausüben mußten, Qualitäten der Reife inmitten demütigender Abhängigkeiten gefördert, die auch uns im Westen zugute kommen müßten. Während bei uns gelegentlich im stillen Kämmerlein des psychoanalytischen Behandlungsraums die soziale Realität verlorenzugehen droht, war sie drüben dauernd und drohend gegenwärtig. Aber sie hat zu analogen Formen der heilsamen Schlauheit geführt, wie sie hier eher etwa im Begriff des strategischen Überblicks über den Gang der Therapie gewürdigt wird.

Die Therapeuten drüben brauchen, neben taktvoller Hilfe bei der Fortbildung, unsere kollegiale Neugier, viel mehr als Urteil und Überprüfung. Erst in langen freundschaftlichen Gesprächen kommen die differenzierten Überlegungen, ja die politisch-therapeutische Artistik zum Vorschein, mit denen sie ihren Beruf ausgeübt haben. Natürlich nicht bei denen, die linientreu ihr Metier eher als pädagogisch-therapeutische Anpassungsleistung verstanden haben. Noch im Herbst 1990 sagte mir ein einflußreicher Lehrtherapeut: diese politischen Gegensätze schon auf der Ebene von Kongressen zu diskutieren, sei noch zu brisant, und es drohten Fronten und Verletzungen, die es zur Zeit noch menschlicher sei zu vermeiden.

»Das ist ja der Wahnsinn, diese Schizophrenie.« Politische Zuhälterei oder: Ein Leben für die Stasi

Wer etwas über die Verzahnung von individueller Biographie und Politik in der Diktaktur verstehen will, von der massenhaften Zurichtung von Menschen für den alltäglichen Job des Verrats, dem sei zu diesem Buch geraten: *Geschützte Quelle.* Katja Havemann, die Frau des jahrelang zu Hausarrest verurteilten Dissidenten, und Irena Kukutz, Mitglieder von Friedens- und Menschenrechtsgruppen in der DDR, führen Gespräche mit dem ihnen eng und persönlich vertrauten langjährigen Spitzel, einer »Inoffiziellen Mitarbeiterin« der Stasi. Sie versuchen, zusammen mit Monika H., zu verstehen, wie es zu dieser Symbiose aus Zuneigung und Verrat kam, in der die Beteiligten lebten. Monika H. verkehrte auch bei Bärbel Bohley und anderen exponierten Mitgliedern der Opposition. Auf einer Reihe von Fotos sieht man sie mit Kirchenmännern, auch mit Wolfgang Schnur und Ibrahim Böhme. Fast hätte sie noch die Ost-SPD mitgründen helfen, immer geleitet von ihrem Führungs-Offizier (FO), der, so grausam es klingen mag, die Rolle eines stützenden, fordernden, ermutigenden, drohenden und verratenden Zuhälters annahm. Mit diesem Begriff aus einer ganz anderen Sphäre läßt sich die schillernde Beziehung zwischen Spitzel und FO am besten verstehen.

Denn Monika H. ist heimatlos und zerrissen, süchtig nach Rückhalt und Anerkennung, nach Sympathie und »Gemeint-Sein«, das sie nie erlebt hat. Befragt, wie die Beziehung zu ihrem FO gewesen sei, antwortet sie: »Ich hatte zu ihm ein gutes Verhältnis, auch ein persönliches. Er hat mich gemeint, das habe ich immer gedacht. Deshalb bin ich so ausgerastet, als der so bösartig zu mir geworden ist.« Und trotzdem: da er ihr in eigenen Nöten auch gelegentlich Privates anvertraut hat, ja, da sie ihn einmal auch leiden sah über seine zerbrechende Ehe, hat sich ihre Anhänglichkeit immer wieder gefestigt. »Durch die Stasi hatte ich das Gefühl: wenn ihr wüßtet, was für eine tolle Kundschafterin ich bin ... Ich habe immer irgendwie Vater und Mutter gesucht, und der Detlef hat mir das gegeben ...«

Das Buch hat drei Stränge: die Gespräche, autobiographische Texte über die Kindheit der IM und eine Sammlung von Dokumenten aus dem Innern der Stasi: Anweisungen, Befehle, psychologische Handreichungen für Anwerbung, Erpressung und Führung der Spitzel, Nachhilfe beim Aufbau eines Feindbildes und Tips für die Seelenmassage, wenn einer schlappmachen und die »Firma« verlassen wollte; Richtlinien für die Spaltung von oppositionellen Gruppen und das Schüren von Mißtrauen.

Monika H. ist im April 1989 »fast« enttarnt worden von ihrer Gruppe. Erschrocken verdoppelt sie noch einmal die Anstrengungen, es ihren Auftraggebern recht zu machen, indem sie strategische Vorschläge für eine verbesserte Führung unterbreitet. Ihre innere Spannung aber wurde unerträglich, und sie gibt sich zwei Monate später zu erkennen. Sie spricht wiederholt von ihrer »Übelkeit«, dem Zwiespalt in der perfekten Vorstellung, und wenn man zuerst zweifeln möchte, dann spürt man beim gründlichen Sich-Einlassen auf den Text diese Übelkeit selbst: man pendelt zwischen Abscheu, Einfühlung und einem moralischen Schwindel, wie nach einem langen Psycho-Krimi, der einen zu wechselnden Identifikationen zwingt.

Sie sagt zu ihren Freundinnen und Opfern: »Ich habe euch etwas sehr Schlimmes angetan. Und daß du auf mich zugekommen bist und daß wir miteinander reden... Im Grund hilfst du mir, das zu bewältigen. Wenn Leute wie ihr mit mir redet, dann ist es für mich leichter, das alles zu ertragen... Ich hätte auch akzeptieren müssen, wenn ihr euch nie wieder gemeldet hättet... Was war das bloß: euch gern zu haben und gleichzeitig da hinzulatschen und euch zu verraten?!... Es ist schizophren, ich glaube aber nicht, daß ich schizophren bin.« Trotzdem hat das Arrangement etwas von einer bösartigen Spaltung, und gerade diese erzwungene Fähigkeit zum seelischen Doppelleben machte die IM so erfolgreich, daß sie mehrmals gelobt und mit Orden ausgezeichnet wurde.

Die Prädisposition zum fortgesetzten Verrat ist in der Biographie auf erschütternde Weise angelegt. Monika M., unehelich geboren, mehrmals an Pflegefamilien oder Kinderheime weggegeben, dann wieder bei der inzwischen verheirateten Mutter, vom Stiefvater geschlagen, dann endgültig ins Heim eingewiesen, erlebt sich bereits dort als pendelnd zwischen Todessehnsucht, innerer Spaltung, Heimatsuche und hohen kompensatorischen Bewährungsidealen. Ausschnitte aus ihren Mädchentagebüchern belegen, daß sie früh gelernt hat, mit der Verstellung zu leben. In ihrer ausweglosen Einsamkeit erfindet sie sich eine Ansprechpartnerin, eine Doppelgängerin, die sie idealisieren kann, weil sie sich selbst nicht liebt. Dieser imaginären Freundin schreibt sie mit 15 Jahren: »Ich kann beinahe sagen, in mir wohnen drei Seelen. Eine ist frech, nicht gemein und gehässig... Die andere ist ernst, spricht hochdeutsch und kann vielen helfen. Die dritte ist traurig, will alleine sein und philosophiert viel herum.«

Später ist sie selbst erfolgreich im aktiven Spalten: »Ich habe mich gefreut, daß die Gruppe dann zersplittert war, daß wir die Feinde gespalten hatten... Es sollte auch Verdacht gegen Einzelne gestreut werden... Das mit dem Spalten hat immer funktioniert.« Und: »Im Grunde gehörte Gespaltenheit schon lange zu meinem Wesen.«

Das ging so weit, daß sie in die geschlossene Abteilung der Psychiatrie kam und oft im »Bunker« war. Vom Personal dort heißt es: »Viele Schwestern dort, die zeigen dir so richtig, daß du ein Dreck bist. Die hatten keine Seele mehr. Mein ständiges Flüchten vor der Wirklichkeit, da war die Stasi-Arbeit genau das Richtige für mich. Ich habe nie wirklich in der Realität gelebt. Weder bei euch, noch bei denen.«

Aber sie ist auf der Suche nach Realität, fast gierig, und deshalb wird sie eine Meisterin der Anverwandlung an Andere. Es ist die perfekte Mimikry, die sie sucht: »Sicher müßten wir deren Motivation noch stärker in uns versenken, um in jeder Beziehung glaubhafter und realistischer für Die Anderen zu sein, ohne sich selbst dabei zu verlieren«, schreibt sie in ihrem letzten »Gutachten« für die Stasi.

Für die bespitzelten Gruppen war sie »die Eifrige mit dem schweren Schicksal« geworden. Sie verliert sich fast in dem solidarischen »Wir«, das sie zu lieben beginnt, und gleichzeitig ist sie stolz, als »eine absolut zuverlässige Genossin« zu gelten, die sofort alles weiterträgt. Was der Stasi glückt, ist die Dämonisierung der »Feinde«, die ihr gleichzeitig Heimat und ein ideales Beobachtungsfeld bieten. Das *Wörterbuch der politisch-operativen Arbeit* bezeugt parallel: »Im Prozeß der politisch-ideologischen Erziehung der operativen sowie der inoffiziellen Mitarbeiter erlangt die umfassende, individuell und methodisch vielseitige Vermittlung und Anerziehung des Feindbildes eine ständig steigende Bedeutung.« Die Anwerbung bei der Stasi erscheint ihr wie eine Erwählung: »Natürlich bin ich freiwillig zur Stasi gekommen, habe gedacht, das wäre das größte und beste, die höchste Aufgabe für eine Genossin.« Erst sehr viel später erkennt sie, daß sie schon eine Weile beobachtet wurde und daß die »Firma« auch in der Lage gewesen wäre, ihrer Freiwilligkeit nachzuhelfen durch Erpressung.

In einem Brief an die Mutter nach ihrer Selbstoffenbarung schreibt sie: »Hast Du Dich nie danach gefragt, daß ich aufgrund meiner Kindheit und Jugend geradezu prädestiniert für die Firma war? ... Ich sitze und quäle mich, fühle mich schuldig, es schmerzt so, daß ich nur noch an meinem Schmerz erlebe, daß ich lebe. Und da wird mir bewußt, daß das schon immer bei mir so war. Indem ich mich selbst quäle, mich selbst schlecht mache und auch die Beziehungen zu anderen negativ aufbaue, spüre ich Leben.«

Die IMs riechen sich gegenseitig, für sie gibt es untrügliche Zeichen, an denen sie sich erkennen. Aber Sicherheit gibt es nie, alles ist konspirativ organisiert, jeder kennt nur die Vornamen (Decknamen) derer, die ausschwärmten, um Die Anderen, aber auch die Eigenen zu überwachen. »Euch würde schlecht werden, wenn ich euch aufzähle, wie viele ich aus unseren Gruppen für IM halte... Ich habe die Leute gleich an ihren Verhaltensmustern erkannt... Und was machen die Spitzel heute... Hetzen die immer noch die guten Leute gegeneinander auf? Oder warum sind so viele in den neuen Parteien und Bewegungen? Ich will mal eine Sache erzählen, die ich verdrängt hatte. Wir sprachen neulich drüber, daß sich die IM untereinander madig gemacht haben. Der Chef vom Detlef, der Wolfgang, hat immer über seine heißen Jahre erzählt. Wie sie mit dem Motorrad die Leute verfolgt haben usw. Und da hat er es fertig gebracht zu erzählen, daß er mal einen anderen Genossen erschossen hat, damit er nicht auffliegt. Und er hat zu mir gesagt, so weit mußt du gehen.«

Die ständige Angst, einen Fehler zu machen und auf zufliegen, steigert die Abhängigkeit vom FO. »Ich war vorher entwurzelt. Und die Stasi hat mir die Wurzeln gegeben. Die hat mir scheinbar Geborgenheit gegeben... eine ganz reale Geborgenheit. Ich konnte Tag und Nacht anrufen, dann hatte der Detlef Zeit für mich. Ich war ja wirklich mit Leib und Seele dabei, aber gleichzeitig ist das ja das ganz Kranke dabei...« Spät erkennt sie, daß die Vaterfigur des FO selbst nur ein Werkzeug war. Auf die Frage, wie der sich heute fühle (Herbst 1990): »Der Detlef fühlt sich auch betrogen; denn ich habe ihn dasitzen sehen und heulen. Ich denke, daß er eben ein ähnliches Werkzeug war wie ich. Ich denke das von ganz vielen Leuten, die ich kennengelernt habe.«

Man macht sich hierzulande nicht leicht klar, wie breit das Feld zwischen opportunistischem Mitmachen und glühender Identifikation war. Auf die Frage, von wem sie sich am meisten betrogen fühle: »Von der Stasi erst einmal. Aber auch nicht nur von denen. Am meisten betrogen fühle ich mich um die gesamten Werte. Ich war ein absoluter Idealist, schon immer. Das ist unheimlich mißbraucht worden.«

Psychotherapeuten von »drüben« haben mir berichtet, daß Stasi-Leute oder Parteifunktonäre, die sich auf einen Prozeß der Aufarbeitung einlassen, wie Monika H. auch, das Gefühl haben, sie würden Scham und Schuld nie mehr los. Das kann nur bedeuten, daß die Identifikationen in regressiver Weise auf Kindheitsloyalitäten zurückgreifen, die zum Bereich des magischen Denkens gehören: Kinder haben, vor allem wenn die Gewissensbildung noch an äußere Autoritäten geknüpft ist, die Vorstellung, man könne ihnen ihre innersten Gedanken, Phantasien oder auch Taten deutlich ansehen. Das Kainsmal ist ein mythischer Ausdruck dafür.

Ein sehr erfahrener Leiter einer psychosomatischen Klinik der alten DDR meinte denn auch: »Im Grunde müßten wir Rituale erfinden, mindestens im therapeutischen Bereich, die die in ritueller Form eingegangenen Bindungen und Schwüre aufheben, die Menschen entbinden. Denn die gezielt arrangierte regressive Verankerung der Loyalitäten im mythischen Bereich der Seele hebt sich nicht von selbst auf. Diese Eide sind dem Individuum nicht mehr zugänglich. Sie werden nur eingekapselt, verleugnet, verdrängt.«

Die Erkenntnis müßte Auswirkungen haben auf den pädagogischen wie den therapeutischen Umgang mit solchen Verstrickten, die sich dieser Bindung überhaupt bewußt sind und sich von ihr befreien wollen. Es mag aber auch Auswirkungen haben auf den künftigen Umgang vieler Menschen drüben untereinander. In der gegenwärtigen Phase ist es ganz eindeutig, daß sich Menschen aus früheren Partei- oder Stasisolidaritäten, soweit sie Irrtum und Schuld erkennen, eher meiden. Sie haben, so hörte ich öfter, Mühe, einander in die Augen zu sehen. Der komplementäre Bewältigungsversuch ist der der Seilschaften, einer verschworenen wechselseitigen Lebenshilfe, deren Funktion für das soziale Fortkommen offensichtlicher ist als die für das seelische Überleben. Die Vereinzelung würde in unerträgliche Dimensionen des Selbstzweifels und des Identitätsverlustes führen; der Zusammenschluß in Gruppen ist ein psychischer Schutz gegen das, was ich an anderer Stelle als das Gefühl der »Plünderung« der bisherigen Seele bezeichnet habe. Es kann unerträglich sein, zu viele Fragmente des eigenen Lebens als verkehrt, irrtümlich, überholt oder einfach »besiegt« zu erkennen. Der Zusammenschluß schützt vor dem Zerfall des Selbst.

Das Buch *Geschützte Quelle* ist deshalb so außerordentlich wichtig, weil es eine Möglichkeit der Aufarbeitung zeigt: die wechselseitig Verstrickten reden miteinander und ringen um Verstehen. Die autobiographische Offenheit der Zeugnisse, der Einblick in einen Werdegang, machen das Verurteilen schwerer. In den Dialogen wird auch deutlich, daß jeder Vorwurf Monika H. sofort wieder in die Defensive treiben würde.

Dies führt zum Hauptdilemma jeder Bewältigung einer solchen Vergangenheit: sie braucht den privaten Raum, auch wenn die Zeugnisse später publiziert werden. Die Veröffentlichung schafft einen Raum für mögliche Geständnisse als Durchgang zur Wiedergewinnung von Würde. Uns im Westen steht es schlecht an, solche Geständnisse zu fordern. Man liest das Buch mit Beklemmung, Dankbarkeit und Hoffnung, immer eingedenk der Tatsache, daß es solche Zeugnisse bei uns nach 1945 kaum gegeben hat. Der Hallenser Psychotherapeut H. J. Maaz ist der Überzeugung, daß ohne solche mutigen Bekenntnisse keine Aufarbeitung möglich ist. Sie bieten sich an für Identifizierungen, als Hilfe beim Eingeständnis von Irrtum und Schuld. Identifizierungen sind aber auch denkbar mit den beiden Frauen Katja Havemann und Irena Kukutz, die sich selbst überwanden, der Rache wie der Verurteilung abgeschworen haben, um jemandem die Hand zu reichen, der einmal bereit war, sie, trotz aller Achtung und Zuneigung, gesellschaftlich zu vernichten. Und dies im Auftrag eines Prinzips, das die Bindung an ein politisches Ideal oder die Staats- und Parteiraison höher hielt als Zuneigung und Freundschaft.

Dem gemeinsam geschaffenen Dokument fehlt jede Sentimentalität, auch jeder Anflug von Larmoyanz, die drüben inzwischen auch den enttäuschten Anhängern einer aus eigener Kraft reformierten DDR anfängt auf die Nerven zu gehen.

Aber Weinerlichkeit und Selbstmitleid, auch Wut und zynische Bitterkeit sind verständlich, mindestens als Durchgangsphase und in der Zeit einer regressiven Orientierungslosigkeit. Nur genaue und offene Biographien helfen drüben den Prozeß der Verdrängung aufzuhalten, und sie helfen uns im Westen zu verstehen, daß es sehr oft um alltäglichen Druck ging in einer moralisierenden Diktatur und nicht um pathetische Entscheidungen für Verrat und Knechtung. Noch die Dienstanweisungen an die Führungsoffiziere sprechen mit nachdrücklichem Ernst von der Vorbildfunktion, die sie menschlich, charakterlich und politisch für die von ihnen geführten Spitzel haben müßten. Wer Gelegenheit hatte, mit Stasi-Mitarbeitern zu sprechen, weiß, daß viele es ernst genommen haben, auch wenn das Vorbild-Sein durchdrungen war von kleinbürgerlicher Moral und engstirnigem Idealismus. Aber weil es so war, gehörte es zu den wichtigen Informationen über die beobachteten Gruppen, »wer da mit wem bumst«, weil Verfehlungen im »intimen Raum« für die Sammler von Informationen unschätzbares Macht-Wissen waren.

In dem Buch steckt viel Seelenarbeit, und die Lektüre verlangt sie auch dem Leser ab, wenn er sich einlassen kann auf ein Stück möglicher Selbsterkenntnis und sich nicht abschirmt, als handle es sich um ein politisch-moralisches Jenseits, in das er schaut. Das Buch sucht Antwort auf die Frage: »Wie ist es möglich, Menschen so zu mißbrauchen, indem man sie zu Werkzeugen macht, um wieder andere Menschen zu unterdrücken?« Viele Antworten gibt das Buch, aber ganz beiläufig, ohne Belehrung. Nur die eine Mahnung steht in der Einleitung: »Wir dürfen keine Sprachlosigkeit mehr zulassen, so schmerzlich das für den Einzelnen auch sein mag.« Es betrifft *unzählige* Einzelne. Denn am Schluß sagt Monika H.: »Und so wie mich gibt es ja viele.«

Dimensionen der Bitterkeit

Zum Inhalt des Begriffs – Die Alltagsbedeutung

In der Alltagssprache verbinden wir mit dem Begriff bitter entweder eine Geschmacksempfindung oder ein Gefühl bzw. eine Haltung oder einen Charakterzug. Dies hängt davon ab, wie tief sich die Bitterkeit in die Persönlichkeit eingegraben oder von ihr Besitz ergriffen hat. Wir sprechen von einem bitteren Zug um den Mund oder von einem Ausdruck der Bitterkeit auf dem ganzen Gesicht. Wir assoziieren Enttäuschungen, die so tief oder so wiederholt sich ausgewirkt haben, daß ein seelisches Reaktionsmuster entstanden ist oder eine Grundhaltung, die nicht nur die Interpretation der Vergangenheit und der Gegenwart eines Menschen prägt, sondern auch seine Zukunftserwartungen einfärbt.

Bitterkeit kann zu einem dauerhaften seelischen Schmerz werden, der das Leben weniger lebenswert macht, der sich aber auch auf das seelische Empfinden der Umgebung auswirkt. So mag es kommen, daß der Ausdruck zu einem Vorwurf wird, mit der Bedeutung, daß der von Bitterkeit erfüllte Mensch für seine Mitmenschen eine Last, ja, daß er gemieden wird, sich zurückzieht, Kontaktangebote mißversteht und vereinsamt. Es kann lange dauern, bis Bitterkeit sich im Alltag auflöst. Der Verbitterte stellt Bedingungen, er prüft lange, ist mißtrauisch, manchmal rachsüchtig, und nicht selten denkt er, daß es eine Wiedergutmachung nicht gibt.

Dies ist besonders dann der Fall, wenn positive Erwartungen immer wieder getäuscht worden sind, wenn Mißbrauch, Betrug, Ausbeutung, Täuschung, Verrat, Demütigung oder Übervorteilung wiederholt erlebt worden sind.

Manchem Verbitterten fällt es auch schwer, sich von seiner Bitterkeit zu trennen. Sie ist zu einem inneren Schema der Deutung der Welt geworden. Was einmal eine berechtigte Regung der Empörung oder der Enttäuschung war, kann, wenn Wiederholung und Hilflosigkeit hinzukommen, zu einer verfestigten Einstellung werden. Oft tritt noch Scham hinzu, sei es über das eigene Schicksal, das in die Bitterkeit führte, sei es über die eigene Unfähigkeit, die Bitterkeit zu überwinden; auch Scham über die Verengung der eigenen Reaktionsmöglichkeiten wie die unter Umständen als bezweifelbar erlebte geschlossene Weltsicht, in der man sich isoliert.

Dies ist auch der Alltagspsychologie zugänglich, ebenfalls der Alltags-Völkerpsychologie. Es leuchtet unmittelbar ein, daß unterdrückte Kolonialvölker »bitter« werden, vor allem, wenn ihnen ein anderes Schicksal als das der Beherrschung und der Ausbeutung vorgegaukelt wurde. Auch längere »Besatzung« macht bitter, sogar schon die Zuschreibung von kollektiven Charakterzügen. Bitterkeit kann auch geschürt werden, wie es Hitler mit den Gefühlen der Demütigung durch den Versailler Friedensvertrag mit Erfolg versucht hat. Sie kann durch demagogische Mittel verstärkt werden, wenn Informationen konsequent einseitig vermittelt werden und wenn eine vorhandene

Bereitschaft zum Ressentiment gezielt vergrößert wird. Kollektive Bitterkeit kann aber auch verstärkt werden durch Hohn, Spott und Entwertung, ja, sie läßt sich steigern durch denjenigen, der sie verursacht oder mitverursacht hat: am ehesten, indem der Entwertende eine der Bitterkeit komplementäre Haltung einnimmt, nämlich die des Triumphs, der Überlegenheit, des demonstrativen Glücks, der Zurschaustellung von Erfolg dort, wo der Bittere von Mißerfolg gezeichnet ist.

Es ist nicht schwer zu sehen, wie sehr sich die »Partner« einer Szene – und es scheint, als sei Bitterkeit nur zu denken in einer zwischenmenschlichen, sozialen oder politischen »Szene« – ergänzen oder gar in die Hände arbeiten, das Arrangement verlängern und ausweiten können, bis eine entkrampfte Kommunikation schwierig oder unmöglich wird. Der Überlegene in einer solchen Szene, sei sie individuell oder kollektiv, kann gönnerhaft oder hochnäsig sein, mitleidsvoll oder arrogant, aggressiv oder entwertend. Er kann, wie der Bittere auch, einen Zirkel in Gang setzen, der die Szene dramatisch auflädt. Die Alltagspsychologie weiß auch, daß das Verhalten und die Haltung, die beim Gegenüber Bitterkeit erzeugen, eine Maske sein kann, eine Schutzhaltung, die eigene Schwachen und Selbstzweifel verdeckt. Ist dies so, dann ist es für den »Überlegenen« oder sich überlegen Gebärdenden noch schwerer, aus seiner Haltung auszusteigen und zu einem Gemeinsamen zurückzufinden.

Am Ende dieses Textes werde ich versuchen, eine tiefenpsychologische Deutung oder Begründung des Begriffs der Bitterkeit anzufügen. Der Leser kann sich dann vielleicht eher ein eigenes Urteil darüber bilden, ob es legitim ist, einen in den neuen Bundesländern gegenwärtig weitverbreiteten kollektiven Gefühlszustand auch mit kollektiven Dimensionen der frühkindlichen Entwicklung in Zusammenhang zu bringen. Dort möchte ich auch die Auseinandersetzung mit dem Buch von H. J. Maaz vertiefen, das im Sommer 1991 von vielen jüngeren Deutschen drüben gelesen wird und zur Grundlage einer Auseinandersetzung mit Eltern, Lehrern und Vorgesetzten zu werden scheint.

Ein Versuch, die Stimmungslage im Frühjahr und Sommer 1991 in den neuen Bundesländern zu verstehen

Als der Text über die *Schwierigkeiten der DDR-Bewohner, über sich selbst zu sprechen* (siehe in diesem Band, S. 59 ff.), gekürzt und leicht redigiert Ende März im *Neuen Deutschland* erschien, wurde Mitte April eine Leserzuschrift abgedruckt, die mich aus vielen Gründen aufrüttelte. Im Vorspann der Redaktion hatte es bereits geheißen: »Schon die Vorverständigung über den Text in Redaktion und Verlag ließ ahnen, wie kontrovers auch die Reaktion bei den Lesern sein wird: Einige Kollegen (Ost) meinten, der Beitrag sei in manchen Passagen ›ein typischer (Besser)-Wessi-Text‹. Andere sahen diese Vermutung in keiner Weise bestätigt durch den Text, in ihm vielmehr einen schmerzhaften, auf alle Fälle unerläßlichen Beitrag zur Aufarbeitungsthematik.«

Es wird dabei erneut die Erkenntnis deutlich, ein wie himmelhoher Unterschied es ist, ob man als Wessi über Ossis schreibt, für Wessis oder für Ossis, oder als Ossi über Ossis oder Wessis für Ossis oder Wessis. Ein kompliziertes Ballett der Standpunkte und Perspektiven! Bei dem Klima der Sensibilisierung wächst die Verletzbarkeit ins Unermeßliche, und man selbst wird immer vorsichtiger bei der Wortwahl. Auch eine wohlwollend-einfühlende Beschreibung von wahrgenommenen Stimmungen und Sachverhalten kann zur Kränkung werden, einfach weil sie von »außen« kommt. Und es wird erneut deutlich, daß ein Schreiben für beide Seiten einem Trapezakt gleicht. Zu weit sind die psychischen Positionen oft voneinander entfernt. Manchmal scheint man schuldig zu werden, sobald man den Mund öffnet: einmal, weil die Beobachtungen schmerzlich sind, zweitens, weil wir im Westen noch immer unfähig sind, uns in einer angemessenen Form einzubeziehen in die Verteilung und Projektion der Schattenseiten, und drittens, weil allzu viel moralisch Aggressives, Entwertendes, Demütigendes über die Medien wie durch Besucher nach drüben gedröhnt ist. Die Psychologie vieler Journalisten und Kommentatoren, die sich nicht genug tun können, die Zustände »druben« in endlosen Wiederholungen als katastrophal zu schildern, wäre einer eigenen Untersuchung wert.

Mein Erschrecken über den im folgenden abgedruckten Leserbrief hatte mehrere Dimensionen. Ich mußte mir sagen, daß ich in meinem Versuch, die Sprachschwierigkeiten als eine gemeinsame Aufgabe zu verstehen, gar nicht angekommen war. Ich mußte mich mit dem fast vernichtenden Haß auseinandersetzen, der mich zum Apologeten des rüdesten Kapitalismus machen wollte, aber auch mit der pauschalen Verunglimpfung meiner Gesprächspartner, die als Verräter bezeichnet werden, weil sie offen über sich sprachen. Am stärksten berührte mich aber die Verzweiflung, die ich in dieser Antwort zu spüren glaubte: klingt sie doch so, als sei angesichts der offenen Wunden eine Verständigung weder möglich noch erwünscht. Es gab und gibt einen Grad von Empfindlichkeit, von verletztem Stolz und Scham, die durch die kleinste weitere Beschämung von außen zur Raserei zu werden drohen.

Vielleicht ist es nur eine weitere Verletzung, wenn ich meine Gefühle mit denen vergleiche, die ich als Therapeut gelegentlich habe, wenn ich einem Klienten gegenüber etwas vielleicht Zutreffendes sage, aber nicht bemerke, daß er keinerlei seelische Reserven mehr hat, um auch nur die leichteste Kritik zu ertragen. Er nimmt sie als Vernichtung wahr. Es hilft nur, sich zu entschuldigen und zu sagen, man habe sich nicht mehr wirklich einfühlen können, so wie ich mich auch in diesem Fall entschuldige: ich wollte nicht dieses Maß an Schmerz zufügen, der die Folge eines Versuchs war, einen Dialog in Gang zu bringen. Doch das kann ich allen, die sich mit Auseinandersetzungen schwergetan haben, zum Trost sagen: viele meiner Gespräche sind durch Phasen aufgeregten Geschreis gegangen. Sitzt man sich aber leibhaftig gegenüber, so spürt man besser, daß die Basis der freundschaftlichen Gutwilligkeit füreinander nicht verlorengeht, selbst wenn man sich von Person zu Person vorübergehend abhanden kommt im Dickicht der

Konfrontation und der verwirrenden Suche nacheinander. Da ich keinerlei Macht, Prüfungskompetenz, Vergünstigungen oder gar Subventionen, sondern nur den Versuch des Verstehens anzubieten hatte, wußte ich mich weitgehend frei von Strategien. Aber um so tiefer muß es natürlich auf beiden Seiten treffen, wenn auch das intendierte Verstehen nur wie ein Hohn wirkt.

Die Überschrift des längeren Leserbriefes lautet:

Bedingungslose Kapitulation mit Kotau

Die Reflexion des Psychoanalytikers T. M. (siehe ND vom 28. 3. 91) zu Gesprächen mit neuen Bundesbürgern kann ich beim besten Willen nicht anders als psychopathisch bezeichnen – wenn sie nicht Apologetik oder Wahlpropaganda für Kohlpolitik sein und/oder den moralischen Denkens ent- und strategischen Denkens gewöhnten Ossi zum willfährigen Heloten gralssauberer Friedens-, Sozial-, Wohlstands- und Allweisheitspolitik des ach-so-humanistischen Herrschaftssystems des Kapitals machen soll.

Beinahe jeder Satz dieses Gralshüters und Herolds des die altbundesdeutsche Kohlwirtschaft tragenden urkapitalistischen Systems läßt sich widerlegen bzw. auf seine triumphverklärte Zielrichtung hin entlarven. Knappe Gedanken zu einigen wenigen seiner hanebüchenen Studienergebnisse:

Wer war es, der Herrn Moser in Unkenntnis der im kapitalkultivierten Westen gültigen »Regeln der Mitteilung«, insbesondere der »Selbstmitteilung«, mit ununterbrechbarem Redestrom überschüttete? – Vielleicht ein schuldbeladener und/oder wieder karrieregeiler Wendehals – einer, der aus einem »gesicherten« sozialistischen Interpretationsrahmen traumatisch herausgefallen ist? Und »sozialistisch denken«, mit dem T. Mosers Gesprächspartner unterschiedlich identifiziert waren, heißt doch wohl in erster Linie sozial denken. Offensichtlich kann sich T. M. unter dem von ihm erahnten Denken nichts anderes vorstellen als Widerspiegelung einer sich auflösenden vertrauten Lebenswelt, was ein »Ausmaß einer inneren und äußeren Unsicherheit« hervorruft, das den Betroffenen in einen Zustand der Scham versetzt. Herr M. sollte sich schämen ob seiner Arroganz. Und Unwissenheit, Gefühllosigkeit und Kurzsichtigkeit.

Zumal, da er sich anmaßt, seinen Ossi-Gesprächspartnern (minderbemittelt und minderwertig ohnehin) Fragen nach ihrer »weiteren gesellschaftlichen und beruflichen Brauchbarkeit« zu unterstellen. – Und damit göttergleich auch darüber zu befinden, womit sich bestätigt, daß die Frage nach der Brauchbarkeit einer Sache, eines Arbeitsprinzips, eines »Arbeitnehmers« eine systemerhaltende und -expandierende ist. Wie sich zeigt, haben die Totengräber eines von uns einst mutig und selbstbewußt begonnenen frühsozialistischen Systems sie nicht in notwendiger Humanität und pragmatischer Konsequenz gestellt. In Konsequenz gingen sie daran zugrunde, stürzten sie ein ganzes Volk in soziale Unsicherheit und erschütterten sie den Glauben ganzer Generationen an den ethischen Wert und die reale Machbarkeit einer großen Sache.

Was glaubt Herr M. eigentlich, wer in den okkupierten Neuländern die Notwendigkeit oder den Drang empfindet, sich den (siegreichen) großen Brüdern und Schwestern aus dem Goldenen Westen unter irgendeinem Gesichtswinkel darzustellen? Und warum das in etlichen Fällen tatsächlich so ist.

Die Zeiten, da in Nazi-okkupierten Gebieten Kollaborateure und Quislinge auftauchten und prosperierten wie Sumpfblüten, sind doch noch gar nicht so antik. Aber diese waren nicht besser als jene. Sollten ausgerechnet die heutigen besser sein? Gerissener sicherlich, aber moralischer?

Zu fragen ist auch, welche von T. M. angefragten »Annahmen« ein großer Westbruder seinem armseligen Ostverwandten gegenüber hegt und mit welchem moralischen Recht er zu der Annahme kam, den Ossi überprüfen und ausleuchten zu dürfen. Ob da nicht gewisse Medien wie »BILD« oder auch seriösere ihren (un)moralischen Anteil daran haben? Und auch die jeweils verantwortlichen Wessi-Politiker waren in ihren Methoden der Behinderung und Diskriminierung alles Sozialistischen, sich so Nennenden und der darunter Lebenden erlebtermaßen nie pingelig.

Es fällt schon schwer, sich bei Herrn Mosers Studien-Resümee bitteren Sarkasmus' zu enthalten.

Unausgesprochen postuliert Herr M., daß »die« Wessis neben der Gnade der Reparationsfreiheit und Marshallplanhilfe auch der der freien Rede, der Offenheit, Ehrlichkeit, Seelentiefe, Solidarität, Nächstenliebe, Bibelfestigkeit und Kreativität teilhaftig geworden sind – Ursache ihrer materiellen und moralischen

Überlegenheit über den entmündigten und geistig verstümmelten Ossi – Eigenschaften, die ihn zur »Überprüfung« der Ossis legitimieren (was für einen Besatzer ja ohnehin gegenstandslos ist, darf er doch schalten und walten wie er will im eroberten Land). Die Treuhand macht's vor. Der Ossi dagegen wurde und war (nach T. M.) an strategisches Sprechen auch über sich selbst gewöhnt und pflegte die doppelte Moral des stilisierenden und sich drapierenden Sprechens. Und er mußte Schweigegebote bis ins Ehebett hinein befolgen. Pfui!

War der Mann zu seinen Gesprächen auch mal an einem Arbeitsplatz (als es überall noch welche gab) oder in einer Kneipe (als der Arbeiter da noch reingehen konnte) oder gar in einem Ossi-Ehebett und hat sich an solchen Frontabschnitten des Lebens die »drapierten Reden« der östlichen Sprachstrategen angehört? Offenkundig nicht. Und die Losungen und Rufe während der Demonstrationen gegen Honny & Co. und heute wieder gegen deren Nachfolgelügner hat er wohl auch dezent übersehen und überhört? Was für einer Moral frönt T. M. eigentlich?

Geradezu aufreizend wirkt seine Auslassung über die »psychische Leere« (bei seinen Ossi-Gesprächspartnern) nach dem von ihnen erlebten »Zusammenbruch des Sozialismus«. Er scheint nicht einmal den Unterschied des philosophisch-ökonomisch-gesellschaftlichen Lebenssystems Sozialismus zu dem von einigen machtvollen und machtgeilen Vulgärpolitikern (und ihres Apparats) praktizierten pseudosozialistischen administrativen Kommandosystem zu kennen. Oder, was wahrscheinlicher ist, er will diesen Unterschied aus dem Bewußtsein der Menschen verdrängen. Oder er will diese barbarische Herrschaftsform – die nicht zuletzt durch real existierende und agierende äußere Feinde provoziert und gerechtfertigt wurde – identifizieren mit dem die Ideale der Bürgerlichen Revolution (immer noch Utopien) aufgreifenden und realisierenden humanistischen System des Sozialismus und diesen damit diskriminieren und verteufeln.

Und warum muß der zwangsläufige und verdiente Zusammenbruch eines verfehlten, restriktiven Herrschaftssystems, dessen Verfehlungen, Gebrechen, Verbrechen (und die Ursachen dafür) erkannt wurden, psychische Leere bei den von ihm Verratenen und Geschädigten hinterlassen? Kann dieser Zusammenbruch und das Nachdenken darüber nicht auch und gerade neue Impulse zeitigen? Auch hier läßt T. M. tiefere Einsichten vermissen. Ebenso wie er (der Zusammenbruch) die Einsicht in den »Inhalt und das Glück eines strategiefreien Gesprächs« verwehrt, die er (T. M.) offensichtlich selbst nicht gewonnen hat.

Bliebe noch zu fragen, worin die »aus dem Westen andrängende moralische Aggression« besteht, die dem Ossi das »Moralische weiterhin erschwert«, indem es seine Selbstachtung in Frage stellt und die »Schwierigkeiten seines Lebens überlagert«. Es hat aber alles seine Ursachen, findet T. M. und meint, daß die mangelnde Moral von uns Ossis darin zu liegen scheint, daß »man sich dem Ton der Medien verschließt und sich auf eine noch so magere DDR-Identität zurückzieht«. – Na, was denn: nicht Selbstbesinnung, Selbstbewußtsein, Emanzipation, Gleichberechtigung in dem wohlhabenden Volk gleicher (manche sind noch gleicher) Brüder und Schwestern sind gefragt, auch nicht kraftvoller, solidarisch gestützter Neuanfang, sondern bedingungslose Kapitulation mit Kotau, Stiefellecken, Selbstentblößung und Selbstaufgabe (der lästigen schuldbeladenen) Ossibrüder und -schwestern.

Mehr haben wir bisher nicht gegeben, und mehr hat man von uns bisher auch nicht verlangt. Aber es geschähe uns nur recht; waren und sind wir doch nach Herrn Tilmann Moser doch genauso schizophren, wie die Partei gespalten war in Ideale (sicher akzeptable, soweit sie rein idealistisch blieben) und (allerdings tatsächlich) reine Machterhaltfragmente. Hier allerdings muß ich Herrn T. M. rechtgeben: diese irrsinnige Allwissenheits-, Allwahrheits- und Allmachtsanspruch der ehemaligen Parteiführung führte nicht nur allenthalben zu unerträglichem Streß (und zur Bewußtseinsspaltung), sondern vernichtete die Partei schon lange vor ihrem Auseinanderbrechen und führte auch das Land, für dessen sozialistische Entwicklung wichtige Voraussetzungen vorhanden waren, in den Abgrund.

Aber in den Orkus treiben uns die großsprecherischen, betrügerischen, raub- und herrschgierigen Wahlsieger vom 2. 12. 1990. Doch es sollte mit dem Teufel zugehen, wenn das vielfach geprüfte, gestreßte und betrogene Volk nicht die Kraft aufbringen würde, sich dagegen zu wehren und seine Moral zu wahren.

Natürlich könnte ich den Brief abtun als ein aus der Wut kommendes, teilweise gezieltes Mißverstehen meiner Gedanken. Einige Freunde fragten mich, warum ich der zornigen Einseitigkeit der Antwort soviel Gewicht beimesse, für andere, ostdeutsche, war sie eher eine verständliche Verdichtung einer Grundstimmung. Sie hat mich einfach berührt, und die Dimensionen der Bitterkeit sind an ihr so klar zu verstehen. In einer anderen Zuschrift vom gleichen Tag, ebenfalls im *ND*, ist es mehr der Ton der tiefen Resignation, dem ich mich nicht verschließen kann. Es ist ja auch die Resignation der Revolutionäre der Wende, die gehofft hatten, sie könnten den DDR-Sozialismus verändern oder vom Geist eines aus eigener Kraft sich läuternden Sozialismus etwas einbringen in ein neues Staatswesen, das in der Lage wäre, wenigstens etwas von den Idealen der DDR aufzunehmen. Es heißt dort zum gleichen Text:

»Der eilige Beitrag von Tilmann Moser veranschaulicht die soziale Situation im allgemeinen: Es ist keine Zeit, und es fehlen die gesellschaftlichen Voraussetzungen, um dem Einzelnen Gelegenheit zu geben, auf seriöse Weise die Vergangenheit in ihrer Komplexität bedenken zu können, sie auch emotional nicht nur verdrängen zu müssen und seine Erfahrungen in Hegels Verständnis möglicherweise sogar aufzuheben. Und dies ist nicht nur ein Merkmal der ›gegenwärtigen Phase der beginnenden seelischen Bewältigung der Vergangenheit‹. Denn wer sollte – Hand aufs Herz – ein ernsthaftes Interesse haben, daß unsere Erfahrungen in einem wesentlich verschiedenen sozialen System produktiv aufgehoben werden? Wofür denn?« (*ND*, 12. 4. 91).

Nun, vermutlich gibt es kein »ernsthaftes« und

breites politisches Interesse im Sinne einer konkreten Mehrheit für einen dritten Weg. Aber es bleibt genug Interesse von vielen Einzelnen, zu verstehen, was einem Teil unseres Volkes widerfuhr und was die von den Idealen wirklich ergriffenen realisieren wollten oder ersehnten. Ein Teil der Enttäuschung drüben beruht ja auch darauf, daß die »Führung«, von Rechtfertigungsversuchen abgesehen, bis in die unteren Etagen fast vollkommen schweigt und der jüngeren Generation keine Antwort mehr gibt auf die einfache Frage: »Was habt ihr eigentlich gewollt und gedacht in den letzten Jahren?«

Zurück zu den Dimensionen der Bitterkeit.

Bei den für den Sozialismus Engagierten und den Nutznießern, den Trägern der Macht und den Privilegierten sind Enttäuschung und Bitterkeit leichter zu verstehen. Auch bei denen, die Hoffnung hegten, dem Regime Veränderungen abzuringen. Doch auch bei vielen, die das Ende der Diktatur begrüßten und die demokratischen Freiheiten um keinen Preis wieder hergeben würden, fand ich in zahlreichen Gesprächen ein Ausmaß von Bitterkeit, das mich überraschte. Ich führe, obwohl das meiste geläufig ist, ein paar »objektive« Momente auf, die als kränkend erlebt werden: die Arbeitslosigkeit, die Angst um den Arbeitsplatz, das Bangen und Warten, die Evaluierungen und Abwicklungen, die Schließung vieler Betriebe, die Entdeckung des Ausmaßes der Umweltkatastrophe, des Verfalls der Bausubstanz, die Verdrängung der Ostprodukte vom Markt, die schlecht funktionierende Verwaltung, die Unsicherheit mit den Renten, das Ausmaß der Stasiüberwachung, die Angst vor der Mietentwicklung. Schließlich ein paar Momente, die objektive wie subjektive Aspekte enthalten, die ich aber mehr der subjektiven Seite zurechne: der vielfache Kompetenzverlust, die mannigfaltigen Facetten des erzwungenen Identitätswandels, die viele auch kleine Veränderungen (Umgang mit neuen Versicherungen, Formularen, Gesetzen, Verordnungen, Gewohnheiten) zum Symbol von Unsicherheit und Verlust des Vertrauten werden lassen; die Enttäuschung über das Verhalten der alten Führung; die selbst von den westlichen Industrieverbänden getadelte Arroganz des Auftretens von Wirtschaftlern und Politikern, aber auch von Intellektuellen, deren objektive Seite durch eine gesteigerte Verletzbarkeit subjektiv »verdoppelt« wird. Und schließlich die bange Frage: soll ich, oder sollen wir denn wirklich so viel vergeblich gearbeitet und gelitten und so vieles falsch gemacht haben?

Ich war gerade zu Gesprächen drüben, als die »Abwicklung« der Interflug, also der DDR-Fluglinie, bekanntgegeben wurde. Auch Gegner des alten Regimes, kritische Intellektuelle und Menschen, die sich viel erhofften von der Vereinigung, reagierten verletzt und entdeckten daran erstaunt, wie einzelne Symbole der Eigenstaatlichkeit doch eine geheime Basis für Stolz und Identitätsgefühl waren, trotz aller Ambivalenz und vielfach gebrochenen Zugehörigkeitsgefühls.

Das führt schon hinüber zu den subjektiven Dimensionen der Bitterkeit. Ein emeritierter Psychologieprofessor in Berlin (Ost) sagte um Ostern 1991 herum:

»Dies ist die Phase der Mythen, es gibt zur Zeit keine rationale Wahrnehmung dessen mehr, was geschieht. Die DDR-Bevölkerung fühlt sich als Opfer derer, die sie gewählt haben. Die Westler kommen nicht über eine Handvoll Klischees hinaus, mit denen sie uns kennzeichnen zu können glauben.«

Die Treuhand-Anstalt galt vielen, gerade in den Monaten vor der Ermordung Rohwedders, als der große, betrügerische, alles zermalmende Moloch, der die DDR-Wirtschaft für den Ausverkauf zugrunde abwikkelte. Die Angst und die Unsicherheit lähmten das klare Denken; es war nicht Zeit, in Ruhe zu analysieren, was »Soziale Marktwirtschaft« auf die Dauer sollte und wollte. Die Treuhand war die Verkörperung des zynisch kalkulierenden Gesamt-Kapitalisten; Kolonialisierung, Kapitulation und Ausverkauf waren die Begriffe, mit denen auch nachdenkliche Menschen die Lage zu verstehen versuchten. Aus tieferen Schichten kamen die alten Feindbilder hervor. Die Desillusionierung über die »geschichtliche Großintrige« der Vereinigung schien keine Grenzen mehr zu kennen.

Die Stimmung, soweit ich sie im Frühjahr aufnehmen konnte, war die: es gehe um Arbeitsplatzvernichtung, Zugrundesanieren, auch um die willkürliche Zerstörung der »sozialen Errungenschaften« aus der Laune der »Sieger« heraus (Recht auf Arbeit, Kinderbetreuung, medizinische Versorgung). Viele, sehr viele fühlten sich zum zweiten Mal als Opfer einer historischen Katastrophe.

Das Instrumentarium des Zynismus als Erkenntnishilfe, geübt unter der SED-Herrschaft, wandte sich mit

Scharfsinn allem zu, was aus dem Westen kam. Es war auch die Zeit der Panikmache, in manchen alten Parteizeitungen, aber auch neuen, von westlichen Verlegern skrupellos auf Ressentiments angelegten Boulevardblättern oder -illustrierten: kommender Mietwucher, Kostenwucher, Versicherungsbetrug, Übertölpelung des treuherzig dummen Ostdeutschen, »mit dem man es ja machen kann«; zweite Enteignung der Häuser und Grundstücke, kolonialistische Bereicherung an der DDR, Leichenfledderei, Erniedrigung der Ostdeutschen zur Hilfsbevölkerung der Konzerne, Sklavenland u. a. Es waren nicht nur die alten SED-Anhänger, die so sprachen. So redeten auch viele Dissidenten, die sich im Geistigen und Materiellen nicht nur als die Verlierer, sondern als die Geplünderten, pauschal Verdammten sahen, die Betrogenen und die Wahlbetrogenen.

Die Zeit der Mythen und der Dämonisierung

Mir war der Zynismus in vielen Gesprächen unheimlich. Ich kam mir plötzlich naiv und treuherzig vor in meiner kritischen Identifikation mit der bundesrepublikanischen Demokratie, mit meiner Freude über die Vereinigung. Der abgrundtiefe Verdacht verunsicherte mich immer wieder, weil die Mischung aus zynischem Scharfsinn, der doch mit Mythen vom großen wilden Tier des Westens arbeitete, mir in dieser Dimension neu war. Meine eigenen Argumente, die zum Gegenangriff wurden, hörten sich gelegentlich auch primitiv und vereinfachend an. Es war die Zeit des Sich-Anschreiens in den Diskussionen, bis eine Art Arbeitsbündnis wieder gefunden war: Wir wollen unsere Biographien vergleichen, unsere Identifikationen überprüfen, untersuchen, was Groll und was tastendes Nachdenken war! Es gab auch in mir in bitteren Augenblicken, wenn ich nur noch als Vertreter des fressenden und arroganten Westens gesehen wurde, den Rückgriff auf das politische Triumphgefühl, das arrogante Verachten derer, die so lange mitgemacht hatten.

Das Frühjahr war auch die Zeit, in der die Verwendung psychologischer Kategorien schon Haß auslösen konnte. Hans-Joachim Maaz, der Hallenser Psychotherapeut, der mit seinem *Gefühlsstau. Ein Psychogramm der DDR* eine wütende, klassifizierende, zuweilen übertreibende und vereinfachende Massendiagnose der DDR-Bevölkerung geliefert hatte, galt auch unter Kollegen drüben als ein antisozialistischer Wüterich und Nestbeschmutzer, einer, der dem »Feind« noch Material an die Hand gab, »uns zu entwerten«. Man warf ihm vor, die Bevölkerung kollektiv zu verleumden und als »beschädigt« der westlichen Arroganz der Ellbogenmentalität auszuliefern. Mit dem Wort vom »Beifall von der falschen Seite« versuchte man ihn als Verräter zu brandmarken. Gewiß, er hat übertrieben, er hat pauschaliert, er hat sich, wie er selbst sagt, die Wut über die Jahre der Unterdrückung und die Folgen des Mitläufertums heruntergeschrieben. Daß er die Utopie eines freien Menschen vertrat, der aus offener Rückschau Kraft für neues Wachstum schöpfen soll, wurde nicht mehr gesehen.

Zur Phase des mythologischen Denkens gehörte die

Dämonisierung, im Osten wie im Westen. Die fliegenden Händler, Glücksritter, Spekulanten, Aufkäufer und Schieber schienen drüben das Bild vom Moloch Kapitalismus zu bestätigen. In vielen Gesprächen hörte ich das Stichwort von der Sozialen Marktwirtschaft nur noch mit Hohn aussprechen. Sie schien ein Instrument der Unterdrückung und Plünderung. Als dann noch die Politiker und Wirtschaftler mit kernigen Worten von der Faulheit und Leistungsunwilligkeit eines ganzen Volksteils redeten und ihn aufforderten, doch endlich zuzulangen und die Ärmel aufzukrempeln, während die Schlangen in den Arbeitsämtern länger und die Überlebensangst größer wurden, da ersetzten auch bei Besonneneren die Verletzungen und die Demütigungen das klare Denken. Man kann nicht erwarten, daß der Beschimpfte sich in die Psychologie seiner »Besieger« vertieft und sich gelassen sagt: »Der will doch nur drüben Punkte machen.«

Wieviel Opportunismus bei manchen westlichen Journalisten zum Vorschein kam, die sich ihren Redaktionen, Herausgebern und Arbeitgebern andienten, indem sie sich überschlugen im Ausmalen eines globalen Versagens eines Volks und einer aufgezwungenen Wirtschaftsform, steht auf einem anderen Blatt. In der vorübergehenden Identifizierung mit den Menschen drüben war jedenfalls oft Scham die angemessene Regung über die Dauer und die Nachdrücklichkeit des Triumphgefühls, mit dem noch die letzte Ecke des »verrotteten, maroden, heruntergewirtschafteten« Systems immer wieder, man möchte fast sagen, zwanghaft-höhnisch ausgeleuchtet wurde.

Es brauchte eine große Vertrautheit im Gespräch, bis man das Wort von der »Weinerlichkeit« so in den Dialog einbringen konnte, daß der Partner nicht mehr mit Wut reagierte. Und dennoch gab es diese manchmal schwer erträgliche Weinerlichkeit des wiederholten »Opferseins«. Sie wuchs noch, als auch auf die Bereiche, die bisher als »Errungenschaften« hochgehalten wurden, starke Schatten fielen: die medizinische Versorgung, die Emanzipation der Frauen und die sie ermöglichenden Krippeneinrichtungen. Die Larmoyanz war besonders stark unter den Intellektuellen, und soweit sie sich öffentlich äußerten, sind sie von den westlichen Medien kräftig und manchmal brutal gezaust worden. Auch als nur betrachtender Beobachter kam ich immer wieder ins Schleudern: es macht einen Unterschied, ob man eine Mentalität oder eine Befindlichkeit zu verstehen versucht oder ob man wahrnimmt, wie aus einer larmoyanten Stimmung heraus dreiste Akte der Erhaltung von Macht und Einfluß stattfinden, die zeigen, daß es auch bei den zur Introspektion eigentlich berufenen Künstlern oder Schriftstellern kaum eine Pause der Besinnung gab. Die rasche Gegnerschaft gegen den Westen, die einseitig wütende Abwehr der ebenso einseitig wütenden moralischen Aggression aus dem Westen dominierten. Es wurde überdeutlich, daß es, auf beiden Seiten, leichter war, Polarisation in der Kampfstimmung zu suchen, als Selbstreflexion zu üben.

Es gehört wohl zu den Dimensionen der Bitterkeit, vor allem unter Intellektuellen, daß selbst bei ihnen für eine introspektive Aufarbeitung der eigenen Biographie unter der Diktatur kaum ein seelisches Potential vorhanden war. Deshalb habe ich weiter oben den Vergleich mit dem vernichtend gekränkten Patienten gewagt: es muß vielen Intellektuellen drüben klar gewesen sein, daß mindestens Nachdenklichkeit und Betroffenheit zu erwarten gewesen wäre (aber von wem? von uns, den kaum Geprüften? von einer Idealvorstellung des Intellektuellen, der über seine Irrtümer und sein Mitläufertum grübelt?), aber daß dies angesichts der plötzlichen Sinnleere und der Angriffe aus dem Westen nicht zu leisten war. Es begann mit dem anklagenden Getöse um die Erzählung *Was bleibt* von Christa Wolf, in der sie ihre Gefühle während einer kurzzeitigen Überwachung durch die Stasi (1979) niederschrieb, die sie aber erst 1989 veröffentlichte. Von niemandem, außer von moralischen Akrobaten, ist Zerknirschung zu erwarten, wenn sie von einer Menge johlender Zuschauer eingeklagt wird. Auch hier gibt es das Zusammenspiel der Intellektuellen und Künstler aus West und Ost, um ein In-Sich-Gehen gemeinsam zu vermeiden.

Der umkämpfte öffentliche Raum

Der öffentliche Raum so kurz nach der Wende taugte nicht fürs »Bewältigen«. Die neue Dimension der Bitterkeit hängt auch damit zusammen, daß der Kampf ums materielle Überleben mit dem Kampf um die Erinnerung zeitlich zusammenfiel; aber es sind diametral entgegengesetzte Prozesse. Als Erich Honecker noch in der Pfarrersfamilie der Holmers überlebte, oder später im russischen Militärkrankenhaus in Belitz, vertraute mir ein SED- bzw. PDS-naher Journalist in verantwortlicher Position an, wie sehnlich er auf ein Interview des ehemaligen Staatsratsvorsitzenden wartete, das diesem wenigstens menschliches Format in der Niederlage zuzuschreiben erlaubt hätte, Spuren des Umdenkens, ein Bedauern, eine plausible Erklärung der früheren Ziele und Strategien, kurz, ein Fragment von Größe. Ich spürte die latente Spannung in ihm, die Angst vor den Dimensionen des Irrtums und der Bitterkeit, die dieser vergeblichen Hoffnung folgen mußte.

Das mythologische Bild von der Plünderung eines ganzen Landes durch den Gesamt-Kapitalisten Westdeutschland mag eine innere Entsprechung haben, die das Ausmaß der Bitterkeit im politischen Bereich helfen würde zu erklären. Ich beobachtete ein kaum bewußtes Gefühl der *Plünderung des bisherigen Innenlebens* bei vielen Intellektuellen, und zwar eines, das nicht primär einem äußeren »Täter« zuzuschreiben war. Dieses Gefühl einer inneren Plünderung ist es wohl auch, das nur durch Anklage und gehässiges Zurückschlagen vorübergehend zu bewältigen war. Und so hat sich der »Diskurs« zwischen den Intellektuellen aus West und Ost zugespitzt. Der zunehmend gereizte Ton der westlichen Kommentatoren führte fast zu einem DDR-Wagenburg-Denken.

Man könnte sich fragen, und dies wäre ein großes Forschungsvorhaben wert, wieviel Veränderung von Gewohnheiten, Sicherheiten, Gefühlen, Überzeugungen und Anpassungsarrangements bei einem geschwächten Individuum in welcher Zeit möglich ist. Ist es zuviel, muß das strapazierte Ich zu Notmaßnahmen greifen, sei es, um aus innerem Angriff einen Angriff nach außen zu machen, sei es, um zu verdrängen, sei es, um im Selbstmitleid Trost, aber vielleicht auch Regeneration zu finden.

Selbst die zynische Bitterkeit kann eine solche Notmaßnahme sein. Über ihre Berechtigung ist kaum zu streiten, bei Umbrüchen dieses Ausmaßes gibt es für das Erleben keine objektiven Wirklichkeiten mehr. Deutlich ist nur, daß die westlichen Medien auch keine Maßstäbe hatten für das Zumutbare oder noch produktiv Verarbeitbare an Kritik. Im Erleben der Ostdeutschen wurde dies verschlimmert dadurch, daß sie wußten: vergleichbare politisch-moralische Bewährungsproben waren für die westlichen Präzeptoren der öffentlichen Moral nie zu durchlaufen. Identifiziert man sich vorübergehend mit den Empfindungen und Wahrnehmungen der Ostdeutschen, so wird einem deutlich, daß von »drüben« gesehen auch hier im Westen ein Grad von Konformismus herrscht, der sich unserer eigenen Wahrnehmung entzieht. Und es läßt sich vermuten, daß es nicht nur mir so ging: für viele westdeutsche Kommentatoren war die schreibende oder sprechende Begegnung und Auseinandersetzung mit den Menschen unter der sozialistischen Diktatur latent auch noch eine Auseinandersetzung mit ihren im NS-System korrumpierten oder verfolgten Eltern.

Diese Art der intergenerativen Verschiebung von Schuld und Anklage sollte eines Tages klarer erforscht werden. Möglicherweise fehlen uns noch die Instrumente einer validierbaren oder auch einer hermeneutische Evidenz erbringenden Methode der Wahrnehmung. Die Distanzierungs- und Verabscheuungsrituale gegenüber dem Nationalsozialismus wie die wachsende Einsicht in seine historische Genese haben in vielen Westdeutschen die Überzeugung wachsen lassen, wir wären selbst vielleicht nicht mehr anfällig für totalitäres Denken.

Die Sicherheit des historischen Abstands ermöglicht es unserem an seinen »freien Konformismus« gewohnten Ich, gerade angesichts seiner groß erscheinenden intellektuellen Differenzierung, an ein bedeutendes moralisches Gefälle zur DDR zu glauben, das individuell zurechenbar wäre. Dabei handelt es sich, hinter dem Eisernen Vorhang, um Massenphänomene der ideologischen, sprachlichen und handelnden Anpassung, von den ebenfalls massenhaften Auswüchsen und der Übererfüllung der sozialistischen Normen bis hin ins Kriminelle und Antihumane abgesehen. Wieviel Schuld trifft den Kleinbürger ohne ausreichende Bildung, der sich in der hohen Pyramide, ja der Kaskade der mißtrauischen Demütigung und Überwachung auf einer niederen oder mittleren Etage einreiht? Es gab *drüben* die angepaßt normale Durchschnittskarriere des Stasi-Mitarbeiters wie des Inoffiziellen Mitarbeiters, auch wenn von diesem viele nur durch Erpressung gefügig gemacht wurden. Es gibt *im Westen* seit langem den Begriff des vorauseilenden Gehorsams, der in vielen Arbeitsbereichen, auch in intellektuellen, bei uns diagnostiziert wurde. Und dies bis hin zu der grotesken Tatsache, daß ein Teil der westdeutschen DDR-Forschung, die die Wirkungen der sozialistischen Diktatur erkunden sollte, auf Fingerzeige ihrer Auftraggeber, etwa des Gesamtdeutschen Ministeriums, welche Themen und Ergebnisse erwünscht seien, sehr wohl reagierte (*Die Zeit*, 7. 6. 91).

Das Trauma der Strukturlosigkeit

In meinem ersten Reisebericht habe ich vom Kreislauf der Demütigungen gesprochen. Ich schreibe dies, um zwei Phänomene der großen Bitterkeit zusammendenken zu können: Ich war drüben, als einige hundert Stasi-Mitarbeiter, die bei Post und Bahn einen Unterschlupf gefunden hatten, wieder entlassen wurden. Es war kurz nach der Zeit, als Infas Ende März einige Daten bekannt gab über politische Einstellungen von Ostdeutschen gegenüber den Westdeutschen: 70 Prozent der Ostdeutschen gaben an, sich von den Westdeutschen nicht verstanden zu fühlen, und über 50 Prozent waren überzeugt, von den Westlern in allen Lebensbereichen über den Tisch gezogen zu werden. In diesem Klima beobachtete ich eine Umidentifikation vieler Ostdeutscher: es gab einen Mitleidseffekt für die Stasi-Leute, obwohl oder gerade weil fast zur gleichen Zeit eine linke Wochenzeitung, um ihr eigenes Überleben zu sichern, die Mitarbeiterlisten des Ministeriums für Staatssicherheit abdruckte und die Betroffenen damit, samt Adresse, einem ungewissen Schicksal aussetzte. Aber kaum einer übte mehr Selbstjustiz, selbst wenn er zu den Opfern zählte.

Die Bitterkeit, die nicht nach politischer Schuld zurechenbar ist (wer will wem zurechnen, daß Helmut Kohl bei seinen ersten Auftritten wie eine Mischung aus politischem Erlöser und kapitalistischem Weihnachtsmann begrüßt wurde?), schöpft ihr Potential, neben der breitgestreuten ökonomischen Enttäuschung, auch, mindestens bei den Gebildeten, aus dem Umstand, daß sich der politische Sachverstand, soweit er sich bilden konnte, tagtäglich mehr fragmentierte. Wenn alle Kategorien des politischen Denkens aus den Fugen geraten wollen, wenn keine Kategorie mehr sicher greift, und dies angesichts einer als »Überwältigung« erlebten Kette von erzwungenen Veränderungen, dann ist der einzelne oft nicht in der Lage, seine vorübergehend verlorene Kompetenz wie seine im ganzen passabel abgefederte Arbeitslosigkeit (bei sehr unsicherer Zukunft) als ein Moratorium für eine Neuorientierung zu erleben. Er erlebt sie vielmehr eben als Plünderung oder Beraubung und sucht den Plünderer zu fassen, mit mehr oder weniger lauten Rufen wie »Haltet den Dieb!«

Eine Psychotherapeutin von drüben nannte es das »Trauma der Strukturlosigkeit« oder des Strukturverlusts. Das Tempo der Veränderung kam, ebenfalls nach Aussagen von Psychotherapeuten drüben, einer zu raschen Abfolge von Trennungen gleich, die nicht aufzuarbeiten waren. Trauer hätte Lähmung bedeutet, und es ging ums Überleben. Bitterkeit kann Trauer überdecken. Der Verlust von Würde und Ehre erfordert aufwendige innere Arbeit, für die keine Zeit war. Selbstmitleid ist ein laues Bad, das schwächen und stärken kann, je nachdem, wie die Essenzen sind, die zugesetzt werden: belebende oder weiter schwächende. Für die »arbeitenden Massen« brachte der Verlust des Arbeitsplatzes auch den Zerfall des sozialen Netzes wie der sozialen Beziehungen. Für die Intellektuellen außerdem den Zerfall vieler Freundschaften. Auch dies macht bitter: daß man viele Beziehungen nicht mehr halten konnte, weil das Tempo des Wandels jeden in seine eigene einsame Form des Überlebens, neuer Arrangements, einer neuen Individuation mit ungewissem Ausgang stürzte. Nicht nur neue Rivalitäten machten sich breit, sondern man wollte die Genossen und Nichtgenossen früherer Solidaritäten nicht mehr treffen. Es hat mich tief beeindruckt, daß sich früher solidarische Intellektuelle, oft Studiengenossen der gleichen Jahrgänge, einstmals Freunde, gar nicht mehr begegnen wollten, weil sie fürchteten oder wußten, daß die unterschiedlichen Bewältigungsformen der Wende sie voneinander entfernten; daß Unbehagen und Scham aufkamen, wenn die verbindenden Erinnerungen an alte Kompromisse, Demütigungen, Zweckbündnisse der Anpassung oder auch brüderliche Widerstands- oder Veränderungshoffnungen, auch die gemeinsamen Illusionen und Selbsttäuschungen, sich einstellten.

Bei vielen ähnlich, durch alle Schichten, war das bittere Gefühl, vor einer mindestens zum Teil verlorenen oder entwerteten Lebensleistung zu stehen. Die Bitterkeit der über 50jährigen, die nicht mehr viel Aussicht auf einen Neubeginn haben; die der Rentner, die Angst haben, sie könnten ihren auch noch so einfachen Heimplatz nicht mehr bezahlen; die Bitterkeit derer, die ausharrten drüben, wenn sie diejenigen treffen, die schon früh geflohen waren oder nach vielen Schikanen eine Ausreiseerlaubnis erhalten hatten: es gibt die lauten und die leisen Kämpfe ums Recht-Haben, um die Würde und den Stellenwert der äußeren wie der inneren Emigration. Die Bitterkeit der Teilfamilien (geteilt in Zweige West und Zweige Ost), die sich jetzt schwerer verständigen und tiefere Krisen durchlaufen als vor der Wende. Der Groll derer, die für die alten Vorgesetzten in neuen Funktionen arbeiten müssen, die Wendehälse, die wieder oben schwimmen und einen zwingen, den Mund zu halten; die Wut derer, die das Versprechen der Freiheit als Illusion, ja als Hohn erleben, gegen die auch die vollen Schaufenster nichts helfen, weil das Geld niemals reichen wird, alle auch kompensatorisch verstärkten Wünsche nach Konsum zu erfüllen.

Aus dem Westen kommt einerseits der permanente moralische Vorwurf nach drüben, die zahllosen Überprüfungskommissionen mit dem berechtigten Versuch, im Bereich von Politik, Verwaltung, Universitäten und Schulen usw. die allzu Belasteten zu entfernen. Und gleichzeitig gelingt es einer Reihe von Industrieunternehmen, ihren Drang, auch schwer Belastete in ihren alten wirtschaftlichen Führungspositionen zu belassen oder in neue zu hieven, als eine besonders aufbauende Moral der »Bewältigung« oder des »Verzeihens« zu feiern.

Die aggressive Gleichgültigkeit vieler meiner Altersgenossen und der um fünf bis zehn Jahre jüngeren wird drüben natürlich bemerkt, und wiederum nicht ohne Groll. Er stammt aus einer anderen Schicht, nämlich aus der, als man dort noch glaubte, die Rede von den Brüdern und Schwestern sei ernst gemeint. Dabei ist es gerade die Einforderung von gesamtdeutscher Geschwisterlichkeit, die die Nachkriegsgeneration im Westen eher in den Stolz auf ihre Frankreich- oder Italienkenntnis treibt, verbunden mit einem Kulturgefühl, das sie sich nicht durch Reisen in die neuen Bundesländer unterbrechen lassen wollen. Real empfundene Geschwisterlichkeit brächte Verantwortung mit sich, und Angst vor dem Neid der zu kurz gekommenen.

Es gibt aber noch ein weiteres Motiv der westlichen Abwendung: es ist die mit den Bildern aus der DDR und ihrer Geschichte unweigerlich heraufbeschworene Erinnerung an die späte NS- und die Nachkriegszeit. Es geht um die Verdrängung von Diktatur, Krieg, der Trümmer und des Zerfalls von damals und der damit verbundenen Gefühle von Hunger, Angst und unsicherer Identität, auch der Eltern, die sich mit zusammengebissenen Zähnen dem Wiederaufbau widmeten. Die fünfziger Jahre, an die man in der DDR noch erinnert wird, sind nicht gerade eine Zeit der Sehnsucht, sondern eher der Scham, mindestens für geistig regere Zeitgenossen. Ich schreibe dies, um die These von der regressiven Verschiebung der moralischen Aggression von den Eltern auf die Ossis zu stützen, die leider auch keine Widerstandskämpfer waren.

Die Gleichgültigkeit (aus wie immer gearteten Motiven) als die mildere Form der Aggression macht westreisende Ostdeutsche gelegentlich fassungslos, auch und gerade wenn sie auf politisch oder pädagogisch geförderte Begegnungskurse mit westlichen Berufskollegen fahren, die ihretwegen extra zusammengetrommelt werden. Wir Westdeutschen waren, mit unseren Möglichkeiten, für viele von drüben Sehnsuchtsziel. Sie haben so viel stärker mit uns gelebt als wir mit ihnen. Und dann der Freudentaumel Vereinigung! Der harte Aufprall bei den Rechenexempeln, dem ungewohnten Zahlenspiel mit den Milliarden, die sie uns kosten sollten, und sie dankten es uns nicht und die Schwindsucht ihrer Wirtschaft wurde nicht gebremst, sondern beschleunigt. Bittstellerei und der ewige Nachhilfeunterricht in allen jetzt wichtigen Fächern des Lebens machen, bei aller Dankbarkeit, auch wütend oder bitter.

Noch eine Schicht tiefer im Sedimentenlager der Bitterkeit spielt sich, für viele, folgendes ab (und die Transaktionsanalyse, eine Variation der Psychoanalyse, nennt es in Behandlungen mitleidlos das Rabattmarkensammeln): der Leidende, und das ist ein uraltes christliches, aber wohl auch in die sozialistische Eschatologie eingedrungenes Motiv, sammelt sich sozusagen Berechtigungsscheine des Leidens für spätere Anerkennung und Entschädigung, im Diesseits oder im Jenseits, oder wenn der Kommunismus, »für den wir kämpften«, siegt, oder wenn die Wiedervereinigung kommt. Es erweist sich aber, daß diese Anteilsscheine des Leidens nichts zählen. Es gibt kein einklagbares Recht auf einen neuen Marshallplan oder auf die Anerkennung, daß man die Kriegsfolgelasten einseitig getragen hat. Die, die von den Wortführern drüben so dachten, meinten es gut mit ihren eigenen Landsleuten: sie wollten als historisch Anspruchsberechtigte auftreten können, eingegliedert in einen *gemeinsamen*, wenn auch unterschiedlich schwierigen Geschichtsverlauf, so daß die Bettelei, die Abhängigkeit und die unverschuldete Armut und Hilflosigkeit ein Ende hätten.

Damit ist schon Modrow, der sozialistische Ministerpräsident der Wende, beim Bundeskanzler durchgefallen, und drüben waren die Meinungen gespalten. Modrow war fast einer zum Identifizieren geworden, auch für Nicht-Genossen, und wenn er die Lastenausgleichsmilliarden mitgebracht hätte, die Begünstigten hätten's ihm vielleicht gedankt wie einem Anwalt, der ihnen und sich ein einträgliches historisches Recht erstritten hat. Aber das Argument vom historischen Anspruch griff im Westen nicht genügend, selbst wenn jetzt die Milliardenströme im Untergrund auch auf verwandte Motivbündel zurückgreifen, neben den rein politisch-ökonomischen. Natürlich waren die Ostdeutschen gespalten: die einen fauchten, die anderen dankten es dem Kanzler, daß er den tief verstrickten Biedermann nicht aufgewertet hatte.

Drei Stufen des Grolls. Kindheit, SED-Regime, Vereinigung als »Übernahme«

Doch nun kommt der schwierigste Punkt der Dimensionen der Bitterkeit. Es ist, neben allen vorsichtig »objektiv« zu nennenden Anlässen und Gründen, die innere Prädisposition der DDR-Bewohner, also das Pendant der bei den Westdeutschen beobachteten Prädisposition zur Überheblichkeit, Gleichgültigkeit und moralischen Aggression, die ebenfalls ihre massenhaften biographischen Gründe hat. Diese Prädisposition zur Bitterkeit bei den Ostdeutschen ist massiv, und zwar auf mehreren Ebenen der seelischen Ablagerung früher oder auch erwachsener lebensgeschichtlicher Erfahrungen. Wer genaueres, wenn auch oft in zurechtgestanzter Form wissen möchte, dem empfehle ich noch einmal das Buch *Gefühlsstau* von Hans-Joachim Maaz. Selbst wenn er nur zu fünfzig Prozent recht hätte mit seinen Diagnosen, wäre es ausreichend, um die Woge der Bitterkeit fast als eine zu erwartende Grundwelle eines kollektiven Gefühls anstelle einer Bewältigung erscheinen zu lassen.

Maaz geht von den frühen Schädigungen der Kinder durch die vorzeitigen Trennungen von den arbeitenden Müttern aus, die die Kleinkinder gehetzt und schon frühmorgens in Krippe und Hort abgaben und sie abends erschöpft und in Hetze wieder abholten, weil noch Anstehen und Haushalt zu leisten waren; von den durch zuviel Wiedergutmachungswünschen überforderten Ehen, Wiedergutmachung für Gehorsam und Demütigungen am Arbeitsplatz, und für die Kargheit und Normierung der Lebenschancen; von der erzwungenen Anpassung und den ausgebeuteten Sekundärtugenden.

Von einem stabilen und behüteten Aufwachsen in angstfreien Familien kann also kollektiv kaum die Rede sein. Das hat Auswirkungen auf die Frustrationstoleranz, auf die Fähigkeit zur Initiative, die den Menschen ja spätestens in der Schule weiter ausgetrieben wurde, wenn es nicht »erwartete« Initiative im gegängelten Engagement für die Partei, die DDR, die Ernte usw. war. All dies sind Vergröberungen. Aber sie können doch erklären, warum die Abhängigkeit von sozialer Sicherheit und von staatlicher Anleitung dermaßen hoch war, daß selbständige Schritte eher zu Panik führten. Das »Trauma der Strukturlosigkeit« gewinnt dadurch noch einmal eine ganz neue Tiefendimension. Maaz betont weiter, daß die friedliche Revolution nicht einmal einen Bruchteil dessen abgeführt hat, was sich an Wut, Haß und Auflehnung gegen das alte Regime angesammelt hatte. Die unterirdischen Seen von Groll und ohnmächtiger Wut sind nicht abgeflossen. Was erfolgte, war, und immer wieder betone ich die Vielfalt der realen, »objektiven« Anlässe und mächtig kränkenden Reize aus dem Westen, eine gewaltige Verschiebung dieser seelischen Energien auf den neuen Verfolger, Feind, Demütiger, Kontrolleur, Kolonisator und Gehirnwäscher: den Wessi im Mercedes und mit Grundstücksaufrissen.

Zuweilen war mir die Härte der Projektionen, die Unerbittlichkeit in der Gewißheit, betrogen und verfolgt zu sein, erschreckend, vor allem, wenn sie, wie erwähnt, sich mit dem selektiven Scharfsinn des Zynismus paarten. Zuweilen dachte ich, hier werde vieles endgültig zerstört an Vertrauen und möglichem späteren Gemeinsinn, vor allem deshalb, weil ja soviel in Druckerschwärze vorliegt, geschrieben ohne wirklichen Dialog, eher als Austausch von Häme und Bitterkeit. Inzwischen aber denke ich, daß auch Druckerschwärze rasch vergehen und telegene Invektiven verflimmern können und die Epoche der Bitterkeit und einer ohnmächtigen Wut unumgänglich, ja notwendig war. Sie erbringt vermutlich ein partielles Aufbrauchen der großen inneren Vorräte an Groll aus der seelischen und politischen Vorgeschichte, und ebenso ein Aufbrauchen der anfangs unsäglich märchenhaften Idealisierungen (wie der Selbstidealisierungen) des Westens und der westlichen Politiker mit den wie das Schattenbild dazugehörenden Dämonisierungen.

Im Taumel der Vereinigung machte sich bei uns das Vorurteil breit, die »drüben« (zumindest die Wähler westlicher Parteien) wünschten sich nichts sehnlicher als unsere »Zustände«, aber auch: so zu werden wie wir. Das ist beinahe beschämend zu sagen, und trotzdem wurde denen »drüben« mit Biederkeit oder Raffinement unser Münchner oder Bonner Normaltypus von Initiative und Durchsetzungskraft vor Augen gehalten wie die höchste Stufe der Menschheitsentwicklung, vermindert um ein paar kritische Anmerkungen von Kirchen, Gewerkschaften oder Grünen zu einigen Auswüchsen von Konsum und Libertinage, Egoismus und erheblichen sozialen Unterschieden. Das macht auch die gutwilligen oder kritisch demokratischen Bürger »drüben« bitter: dieses Gefühl, sie seien Minusvarianten eines inzwischen im Westen höhergemendelten homo socialis marktwirtschafticus.

Ende Mai 91: die Meinungsforschungsinstitute melden wieder steigende Prozentzahlen von wirtschaftlicher, sozialer und politischer Zuversicht.

Es gehört auch zur Bitterkeit drüben, daß wir im Westen wie in einem anderen Geschichtsprozeß lebten, nicht in einem gemeinsamen. Wir hatten uns abgekoppelt, aber weniger aus Zwang wie drüben (Verbot des Westfernsehens in den sechziger und siebziger Jahren, Strafbarkeit der Republikflucht, Mauer und Schießbefehl), sondern durch Westintegration und wachsendes Desinteresse. Man braucht lange, um sich drüben in das dortige Geschichtserleben einzufühlen. Wenn wir mit unseren angelesenen Informationen über die DDR vor der Wende kamen, hörte man drüben bald: wir sähen das alles sehr viel statischer und monolithischer, als es gewesen sei. Sehr langsam nur begreift man in den Diskussionen ein anderes Zeitgefühl für einen DDR-internen Entwicklungsprozeß, in dem von ganz anderen Phasen, Abschnitten, Liberalisierungen und Verhärtungen die Rede ist. Dort markieren Einschnitte wie der 20. Parteitag der KPdSU mit Chruschtschows Versuch der Entstalinisierung, der Einmarsch in Ungarn, später in der Tschechoslowakei politische Wenden und Kehrtwenden, in der Kulturpolitik einige Parteitage der SED, oder Übergänge, etwa von Ulbricht zu Honecker, und schließlich, seit 1985, die Hoffnungen auf Gorbatschow. Es gibt kaum gemeinsame Weltereignisse oder neue politische Trends, deren seelische Wirkungen wir teilten und die beide Teilstaaten, oder beide Bevölkerungen, in gleicher Weise angingen oder die wir auch nur in ähnlicher Weise interpretiert haben. Diese Abkoppelung des politischen Erlebens macht bitter, wenn sie in ihrem ganzen Ausmaß drüben gefühlt wird. Ihre Folge war das Fehlen einer politischen wie menschlichen Neugier, wie die »Brüder und Schwestern« gelebt haben.

Ganz und gar verfremdet, aber doch partiell zutreffend, ließe sich sagen: die Westdeutschen haben die Ostdeutschen nach der Wende entdeckt wie einen fremden Stamm, der in grauer Vorzeit mit uns verwandt war. Sie haben die Eingeborenen und ihre Bräuche und Einrichtungen drüben beschrieben und gefilmt und kommentiert: teils entsetzt, teils höhnisch, teils mitleidsvoll, teils schadenfroh, zum Teil auch einfühlsam, oder aber kopfschüttelnd und moralisch vorwurfsvoll. Sie sind bemüht, sie von der Steinzeit zu erlösen, technisch, politisch, wie aus ihren ideologischen Mythen, mit denen sie sich ihre Welt zu erklären versuchten. Daher muß es wohl kommen, daß sie uns beschreiben wie Kolonisatoren, die einen Teil *ihrer* Kultur zum Untergang bestimmen, weil sie als barbarisch, karg und unrationell empfunden wird; dies auch zum Teil von ihnen selbst, vom eher geknechteten Teil, der von den Häuptlingen und Unterhäuptlingen oft ohne viel Federlesens drangsaliert, ausgebeutet und eingesperrt wurde.

Es muß ja bei diesem Kulturschock und dem Schock des Macht- und Gesinnungswechsels etwas passiert sein, was späterer Erforschung bedarf. Wie ließe es sich sonst erklären, daß ihre Studenten sich wehrten, als ihre Kultstätten und hohen mythologischen Schulen geschlossen und ihre der Macht ergebenen Lehrer entlassen werden sollten?

Es geschah mehr an »Enteignung«, als viele ertragen konnten. Und die Kolonisatoren sagten: »Je schneller ihr uns glaubt und eure Bräuche und eure Identität ändert, desto besser wird es euch gehen. Ohne uns läuft hier nichts mehr. Außerdem habt ihr uns gerufen auf euer sinkendes Schiff. Jetzt fügt euch und nutzt die geschichtliche Chance. Besinnt euch auf das Gemeinsame aus grauer Vorzeit der Stammesgeschichte, auch wenn eure Lehrer sie euch ganz anders ausgelegt haben als unsere. Die, die sich schnell besinnen und wandeln und deren Wissen und Herrschaftswissen brauchbar ist, können weiterarbeiten, und die Vergangenheit sei ihnen verziehen, wenn sie nicht gemordet haben. Die Betreiber unserer großen Plantagen und Werkstätten fragen nicht nach ihrem Glauben an die Mythen und ihrem Gehorsam vor den Häuptlingen. Nur von den Administratoren und Leitern im öffentlichen Leben fordern wir mehr Abstand von der früheren Macht.«

Sie könnten weiter sprechen, die von drüben so gesehenen Kolonisatoren: »Vergeßt eure Bitterkeit, denn der Sieg ist auf unserer Seite. Verlangt nicht zu viel Verstehen, denn das verlangsamt den Wandel. Hütet euch vor der Nostalgie, denn sie bringt euch zuviel süße Traurigkeit. Treibt keinen Kult mit eurer Geschichte, eurem Leiden und eurer Identität, die doch keine war, höchstens eine leidvoll-vorläufige. Ihr wart immer auf dem Weg zu uns! Wir haben euer gedacht an den hohen Feiertagen, als ihr noch im Irrtum lebtet und unter der Gewalt falscher Häuptlinge. Wir wissen, daß viele von euch gestöhnt haben, auch wenn es nicht an unser an geräuschvollere Dinge gewohntes Ohr drang. Wir haben Handel getrieben mit euren Häuptlingen und haben viele von euch freigekauft, die zu diesem Zweck in Ketten gelegt wurden. Klagt nicht über euer Los, sondern zeigt Freude und Zuversicht. Erweist euch als unser würdig und seid dankbar. Denn das Ende des Jammertals ist im Dunst der Zukunft bereits zu erahnen.«

Die tiefenpsychologische Bedeutung von Bitterkeit

Wenn ich mir als Westdeutscher überhaupt anmaße, tiefenpsychologische Überlegungen zum Phänomen der Bitterkeit in einem ganzen Volksteil anzustellen, so scheint es mir, um die Gefahr einer Diagnostizierung von außen zu mildern, angemessen, etwas über den eigenen Bezug zu diesem Gefühl zu sagen, das sich aus so vielen Quellen speisen kann. Ich war ein bitteres Kind, sogar über lange Jahre ein bitterer Erwachsener. Die Gründe kann ich, mit Hilfe der psychoanalytischen Introspektion, bis weit in die Kindheit zurückverfolgen, zu den Auswirkungen elterlichen Unglücks, ihren normalen, ekklesiogenen, neurotischen wie sozialen und politischen Ängsten (Krankheit, Krieg, Umsturz, Hunger, relative Armut usw.). Und ich kann abschätzen, wieviel Hilfe ich gebraucht habe, um aus dem Grundgefühl von Bitterkeit herauszufinden. Gegenüber dem kollektiven Gefühl der Bitterkeit in den neuen Bundesländern empfinde ich so etwas wie kreatürliche Solidarität, spüre aber auch, daß ich mich dem nicht kontinuierlich aussetzen könnte und nach jeder Reise froh war, wieder in die Behaglichkeit der süddeutschen Provinz zurückzukehren.

Vereinfacht gesagt laufen die frühkindlichen Prozesse, die zur Bitterkeit als Grundstimmung führen, ähnlich ab wie im Erwachsenenleben. Der Hauptunterschied ist: sie vollziehen sich in einem Alter der charakterologischen Prägung. Der Affekt hat die Chance, wenn nicht starke Kräfte ihm entgegenarbeiten, sich in der Aufbauphase der Persönlichkeit einzunisten.

Schon das sehr kleine Kind erlebt den Rhythmus von Erregung und Ruhe, von Bedürfnissen, Erfüllung und Frustration. Es braucht den kontinuierlichen Schutz einer vertrauten Pflegeperson, um ausreichend positive Erwartungen an sein Dasein zu entwickeln. Es spürt, ob seine Eltern zufrieden oder unglücklich sind und ausreichend lebendig, zuversichtlich und haltgebend. Es braucht Einfühlung, gerade dann, wenn es unvermeidliche Frustrationen zu bewältigen hat. Gegen massive oder auch schleichende negative Gefühle der Eltern kann es sich kaum abgrenzen.

Bitterkeit entsteht, wenn in vielfältiger Weise der positive Erwartungshorizont des Kindes immer wieder brüchig ist, wenn Grundbedürfnisse nicht erfüllt werden, zu denen auch die Kontinuität der Beziehungen gehört. Am deutlichsten und globalsten läßt es sich vielleicht so ausdrücken: wenn die Entfaltung des lebendigen Selbst behindert, getrübt, gestört wird, obwohl es dazwischen immer wieder Hoffnungen gibt. Die wiederholte Enttäuschung von Hoffnungen führt zum Engramm der Bitterkeit. Wenn Eltern selbst unter

Belastungen: von partnerschaftlicher Spannung, beruflichem Streß, Angst, Demütigung, erzwungenem Zeitplan, Verlust von Autonomie und Lebensfreude leiden, wenn sie selbst ausgebeutet, in ideologische oder religiöse Hoffnungen eingezwängt und selbst immer wieder getäuscht leben, wird sich dies auf die familiäre Grundstimmung auswirken. Auch ein Leben in erzwungener Unwahrhaftigkeit und mangelnder Autonomie macht bitter.

Wenn es für die sozialen und politischen Kränkungen der Eltern keine angemessenen Abfuhrmöglichkeiten gibt, können sie nicht anders, als Kränkungen weiterzugeben. Erzwungener Gehorsam führt dazu, auch von den Kindern Gehorsam und Anpassung zu verlangen. Angst und Unmut, Unzufriedenheit und mangelnde Selbstentfaltung der Eltern färben ab und werden »vererbt«. Wer sich die Grundbedürfnisse eines lebendigen und für sich auch verantwortlichen Selbst nicht erfüllen kann oder wenn sie ihm versagt werden, der fühlt sich durch die fordernde Lebendigkeit von Kindern selbst bedroht.

Für die ehemalige DDR hat H. J. Maaz dies in seinem erwähnten Buch in umfassender Weise dargestellt. Mir scheint auch, daß mein Begriff der Bitterkeit zusammengesetzt sein könnte aus seinen wichtigsten Befunden: Mangelsyndrom, Gefühlsstau und permanent unterdrückte Wut.

Die frühe, die gegen die SED und die gegen den Westen gerichtete Bitterkeit

Diese drei Bitterkeiten durchdringen sich in vielfältiger Weise und kumulieren auch. Ich glaube, man tut den Bürgern der neuen Bundesländer kein Unrecht, wenn man ihre Gefühle als zusammengesetzt ansieht aus Erfahrungen in ganz unterschiedlichen biographischen Schichten. Die Verletzungen durch das Leben unter der sozialistischen Diktatur sind inzwischen von vielen und an vielen Stellen beschrieben worden. Sie sind noch längst nicht ausgeheilt, im Gegenteil, sie sind noch nicht einmal ausreichend verstanden in ihren längerfristigen Wirkungen. Und da kommen die neuen Verletzungen und ergießen sich sozusagen in einen inneren See, der längst am Überlaufen ist.

In manchen Gesprächen kommen diese Bitterkeiten aus unterschiedlichen seelischen und historischen Schichten oft unvermittelt neben- oder hintereinander zum Vorschein. Es ist mir ganz unvergeßlich, wie im Gespräch mit einer über lange Jahre sozialistisch engagierten Schriftstellerin wir zunächst mehr als eine Stunde ausschließlich mit ihrem massiven Groll gegen die ökonomische und ideologische Überschwemmung aus dem Westen beschäftigt waren; es war wichtig, daß ich zunächst einfach zuhörte. Als mir dies wegen der immer verzerrter werdenden Anschuldigungen nicht mehr gelang, haben wir uns angeschrien und uns dann gemeinsam gewundert, in welche konträren feindseligen Identifikationen wir hineingerieten. Nach einer Erschöpfungspause folgte eine weitere Stunde, wo sie ihrem Groll gegen das Leben mit und unter ihrer Partei freien Lauf ließ. Und nach einer weiteren Pause konnten wir unsere Biographien zusammen anschauen, bis weit zurück in die Kindheit, und auch gemeinsam überprüfen, an welchen lebensgeschichtlichen Knotenpunkten uns unsere so unterschiedlichen politischen Systeme »erwischten«.

Zum Schluß dieser Meditation über die Bitterkeit möchte ich noch einmal einer Kollegin aus Ostberlin das Wort geben, die die Wucht der realen wie der seelischen Vorgänge in einem Vortrag zusammenfaßte: »Durch das Überstülpen des einen Rechts-, Gesetzes- und Staatssystems über das andere sind alte Regelungen und Gesetze ungültig, die neuen Regeln unbekannt, und es sind nur relativ mühsam Kenntnisse darüber zu erwerben. Ein über 40 Jahre gewachsenes, recht ausgeklügeltes und differenziertes System muß begriffen und in seinen Spielregeln durchschaut werden, um sich darin mit einiger Sicherheit bewegen zu können. Die unterschiedlichen Anträge und Fragebögen sind auszufüllen, das darin angewandte Deutsch ist kaum verständlich. Es ist, als ob wir in ein anderes Land umgezogen wären – und dies nicht jeder freiwillig – und trotzdem in der alten Wohnung wohnen würden. Wirklich über Nacht wurden wir in eine andere gesellschaftliche Realität versetzt. Für Menschen, die an der Wurzel schon die Verunsicherung darüber in sich tragen, wer sie sind und wie sie sich von anderen abgrenzen können, stellt dies eine enorme Bedrohung ihrer ... Identität dar.

Auf eine allgemeine und ebenfalls bedrohliche Weise

erleben viele..., wie Macht, Belehrung und Manipulation im großen gesellschaftlichen Maßstab erneut ausgeübt werden, und zwar gerade jetzt, wo wir uns endlich davon freigekämpft glaubten. Es ist so, als ob die alten, relativ armen, streng-repressiven, aber auch überfürsorglichen DDR-Eltern durch reiche, locker wirkende, sich selbst genügende und wenig unterstützende BRD-Pflegeeltern abgelöst worden wären. Dies führt zu erneuter Aktivierung kindlicher Ohnmachtsgefühle.«

Für den westlichen Leser wirkt dieser Text in manchen Formulierungen schon wieder wehleidig und undankbar, führt leicht zu Ärger und zur typischen Klage über die Larmoyanz der »ewigen Opfer«. Und doch drückt er nur verdichtet aus, was drüben zu einem weitverbreiteten und tief in den seelischen Untergrund reichenden Gefühl der Bitterkeit geworden ist. Fest steht aber, daß wir Westdeutschen uns kaum klarmachen, auf wie vielen Gebieten und in wie vielen seelischen Schichten eine Identitätsveränderung erfolgen muß. Wer sie nicht herbeigesehnt hat, sondern sie als aufgezwungen erlebt, leidet noch viel tiefer an ihr.

Die Förderung und kommerzielle Verwertung von Ressentiment und Bitterkeit in einer neuen Publizistik

Ein Ostberliner Freund machte mich im April 1991 auf zwei Phänomene aufmerksam, die mit dem Problem der Bitterkeit zusammenhängen.

Erstens die neue Mimikry: Eine ansehnliche Zahl von Bürgern der früheren DDR ist bestrebt, ihrer alten Identität oder den Problemen des Übergangs dadurch zu entgehen, daß sie so vollständig wie möglich in Kleidung, Verhalten und Redestil von Westdeutschen schlüpfen. Sie versuchen einen Schmerz zu vermeiden, der am stechendsten für viele dann einsetzt, wenn sie bei sozialen Ereignissen, aber auch über die Medien tuscheln hören: »Schau dort, das sind Ossis, das sieht man denen einfach an!« Sie gehören zu dem Teil der Bevölkerung der neuen Bundesländer, die »ununterscheidbar« sein wollen und das Alte sozusagen spurenlos abstreifen möchten.

Das zweite Phänomen sind Publikationen, die die verunsicherte Seelenlage der alten DDR-Bürger erkannt haben und kalkulieren: sie sei am leichtesten zu ertragen, wenn man ihnen Schuldige liefert und ihre Verunsicherung in Haß, Schadenfreude und Förderung des larmoyanten Opfer-Gefühls verkehrt. Ich kaufte mir einige Nummern der Boulevard-Zeitung *Super!* und der Illustrierten *Super Illu* und wollte dem nachgehen. Da erschien in der *FAZ* (29. 5. 91) ein Beitrag von

Frank Schirrmacher unter dem Titel »Phänomen. Die neue Demagogie«, der meine Arbeit überflüssig machte und den ich wegen seiner Klarheit und Prägnanz zitiere:

Wie ein gemeinsames Bewußtsein industriell fabriziert wird, konnte man jahrzehntelang in der *Bild*-Zeitung studieren. Sie war die einzige erfolgreiche Boulevardzeitung der Bundesrepublik. Daß sie jemals ernstzunehmende Konkurrenz bekommen könnte, glaubte längst niemand mehr. Daß ihr aber eines Tages Konkurrenz ausgerechnet im Ost-Berliner Gebäude der ehemaligen DDR-Nachrichtenagentur ADN erwächst und sie in Dresden, Erfurt, Leipzig und Rostock ihren Vorsprung gefährdet sieht, gehört zu den Pointen der Wiedervereinigung. Dort nämlich residieren die Redaktionen der von Hubert Burda und Rupert Murdoch verlegten Boulevardzeitung *Super!*, die gemeinsam mit *Super Illu* den Medienmarkt in den fünf neuen Bundesländern prägt. Ihr Erfolg ist groß: 300 000 täglich verkaufte Exemplare verzeichnet *Super!*, 900 000 wöchentlich verkaufte Exemplare verbucht *Super Illu*.

Rätselhaft ist nicht der Erfolg. Die Auflagenhöhe entspricht einem emotionalen Plebiszit durch die Leser. Ihm bietet die Tageszeitung *Super!* keine Information und auch nicht, wie in vergleichbaren Produkten, Sensation, sondern Emotion für die beschädigte Identität: der Haß auf den Westen. Der sprachliche Gestus ist der der Verbitterung. In die trübe Welt dieser Bitterkeit, die sie selbst produzieren, bringen die Zeitungen ein wenig Licht, sei es durch Farbfotos nackter Titelmädchen, sei es durch Tips für »beschwingte Nächte in Chemnitz«.

Das Produkt und die Redakteure aus dem Westen simulieren die Sprache der Enttäuschten aus dem Osten. Radikaler könnte die Enteignung der Identität nicht vollzogen werden. Die Komposition ist, wie die in Frankfurt erscheinende *Medien-Kritik* unlängst nachwies, bis in Details auf die Gegnerschaft der beiden Landesteile ausgelegt: »Haben die Wessis das Böse zu uns gebracht«, fragt *Super-Illu*, zählt in der gleichen Nummer »Das Böse 1 bis 5« auf und druckt schließlich noch ein Interview mit einem Oberkirchenrat mit dem Titel »Das Böse – es kommt auch aus Bonn«. »Wie sich Frauen verkaufen müssen«, erzählt *Super Illu*, die sich mit nackten Frauen besonders gut verkauft, in einer Geschichte.

Die Heimat von *Super!* und *Super Illu* ist das Ressentiment. Angebliche Enthüllungsgeschichten über die alte SED-Prominenz, verbinden sich mit Weisheiten aus dem Westen: »Jahrzehntelang haben die roten Bonzen mit Honeckers Segen in die eigene Tasche gewirtschaftet... Auch im Westen stecken Politiker gerne etwas ein«. »Andere nörgeln«, heißt es in der Schlagzeile von *Super!*, »Super! & Bahn handeln jetzt: 4100 neue Lehrstellen«. Daß der Leser von allen und allezeit verraten ist, nur nicht von *Super!* und *Super Illu*, ist ein Kernsatz dieser Ideologie.

Jede zweite Überschrift von *Super!* erstarrt in Verbitterung. Die Zeitung selber aber ist ein täglicher, fingierter Wutausbruch. Ihre Schlagzeilen haben Appellcharakter: »Neid! Fleißigem Ossi Haus angezündet: Zuviel Erfolg«; »Angeber-Wessi erschlagen – Ganz Bernau freut sich«. Die Gleichstellung der Treuhand mit der Stasi ist das Werk von *Super!* und der Illustrierten. Noch nach der Ermordung Detlev Karsten Rohwedders nannte ihn *Super Illu* »arrogant« und »eitel«. Das Blatt warnte vor dem »Dreck aus dem Westen«: Abfälle und »geistigen Klärschlamm«, nämlich »Westbetrüger« und »alte Grundbesitzer«.

Daß Wut, Haß und das Gefühl, zu kurz gekommen zu sein, das konstitutive Element dieser Medien ist, zeigt sich noch in geringsten Details. Das »Wut-Telefon« verzeichnet täglich auf Seite 2 die Empörung wirklicher oder erfundener Leser. Nicht nur der Zorn auf Schalck-Golodkowski, Helmut Kohl, die Treuhand oder die »Wessis« (»5 × reicher!«) findet hier Sprache. »Wut auf Post«, »Wut auf Stadtreinigung«, »Wut auf Reisebüro«, »Wut auf Frau Unterlauf«, »Wut auf Schalck«, »Wut auf Knödel-Reklame« – das ist die halbe Ausbeute von drei Tagen.

»Super!Zeitung ist da«, schrieb der Verleger Herbert Burda und stellte sofort die naheliegende Frage: »Warum? Weil die Menschen im Osten keine Spagat-Zeitungen wollen, die im Westen anders schreiben als im Osten, weil man mit zwei Zungen keine klare Sprache sprechen kann.« Das Gegenteil stimmt: *Super!* und *Super Illu* sind die Zeitungen der zwei Zungen. Sie, die erst durch die Wiedervereinigung möglich wurden, leben von der Teilung des Landes. Ihre Rechnung geht nur auf, weil das Wohlstandsgefälle gewaltig ist. Sie leben von der Verschiedenheit der beiden Teile, und ihr wirtschaftliches Interesse schließt eine Angleichung von Ost und West geradezu aus. Der Leser in der ehemaligen DDR vermutet in ihnen die genuine Stimme, die seine Lage beschreibt. Daß es nicht die seine ist, entgeht ihm.

Doch der Verlag weiß, daß es nicht Menschen und Wirklichkeiten sind, von denen er berichtet. Er hat aus der ehemaligen DDR eine neue Projektionsfläche, eine Fiktion gemacht. Verräterisch nennt eine Verlagsreklame ihren Gegenstand »das Phänomen«: »Über welche Menschen«, heißt es da, »schreibt ›Super!‹-Zeitung? Über alle, die uns täglich bewegen. Helden und Verlierer, Aufsteiger und Absteiger – und natürlich über das Phänomen: der Ossi, der angebliche Zweite-Klasse-Mensch.« Das »Phänomen« muß das Gefühl haben, ständig betrogen und bestohlen zu werden. Noch in den Sekunden, da es jene Blätter liest, ist es schon betrogen. Auch wenn der Leser es nicht weiß. Diese Zeitungen spielen sich auf als Warner vor dem häßlichen Kapitalismus. In Wahrheit offenbaren sie dessen häßlichstes Gesicht.

Frank Schirrmacher

Schlußbemerkungen

Zwischen Wutanfall und Gelassenheit (November 1991)

Daß es in der Begegnung mit Ostdeutschen wie bei der Beobachtung Westdeutscher in ihrem Umgang mit Ostdeutschen oft gleich schwer ist, gelassen zu bleiben, habe ich mehrfach angedeutet. Das gleiche gilt ja auch für den Umgang mit Gedrucktem aus beiden Richtungen. Inzwischen mehren sich die psychologischen Reflexionen über die »Wiederverheiratung« der getrennten Teile. Aus der Fülle hebe ich nur das Sonderheft »Abschied von der DDR« der Zeitschrift *psychosozial* hervor und das Gesprächsprotokoll von Michael Lukas Moeller und Hans-Joachim Maaz, *Die Einheit beginnt zu zweit*. Wir sind ins Zeitalter der Symposien und Kolloquien eingetreten und der allmählichen Verwirklichung eines Wunsches vieler Beobachter: nämlich daß wir uns politisch-private Lebensgeschichten erzählen, in einem geschützten Raum, bis der Mut wächst, Lebensgeschichten ohne rechtfertigenden Schleier auch zu veröffentlichen. Die »Brüder und Schwestern« fangen an, auch uns Westdeutsche nachdrücklicher nach unserer Anpassung und unseren Abspaltungen zu befragen, nach unserer Bereitschaft, uns verändern zu lassen durch die Wiedervereinigung.

Ich stehe noch immer dazu, das Auf und Ab der Gefühle so offen wie möglich einzubeziehen bei der Suche nach gemeinsamer Wirklichkeit. Deshalb füge ich hier auch den letzten Wutanfall an, der mich überkam, als ich einer Bitte des neuen Herausgebers der *Weltbühne*, Wolfgang Reinhardt, folgte: Er lud mich ein, ihm zur Ingangsetzung eines Ost-West-Dialogs unverblümt erst einmal meine Meinung über Inhalt und Tendenz der ursprünglich von Carl v. Ossietzky unter Mitarbeit von Kurt Tucholsky herausgegebenen *Weltbühne* mitzuteilen.

Die Weltbühne mit dem Blick aus dem Westen gelesen

Als ich Ende Oktober 1991 die letzten drei Nummern der *Weltbühne* an einem freien Nachmittag hintereinander weg las, war mir hinterher elend wie nach verdorbener Nahrung, obwohl manche Aufsätze gedankenreich und informativ sind. Als ich mich mit dem Anstreichstift ans genauere Durcharbeiten machte, konnte ich manches von dem Verdorbenen genauer bezeichnen. Also gleich mit der Wut verletzter Sympathie zur Sache, ohne den Eiertanz der schonenden Vorsicht: Mit so viel demagogisch-linker Kritik, so viel Selbstmitleid, so viel verhetzter antikapitalistischer Moritatenliteratur, so viel selbstgenießerischer Bitterkeit wird die *Weltbühne* im Westen nur in den Schmollwinkeln sozialistischen Fernwehs wahrgenommen werden, wo noch der Glaube herrscht, in Kuba werde der Gral der gerechten Gesellschaft aufbewahrt. Darf denn überhaupt nichts gut sein an der Wende? Sind die Milliarden, die hinüberfließen, denn nur vergiftetes Wasser aus dem »Geldstromland«, wie Peter Maiwald die alten Länder verächtlich nennt? In diesen Happen von Agitpropliteratur ist kein literatarischer Kunstgriff primitiv genug, um dem armen fragenden Ost-Kind zu erklären, daß es von nun an Ellenbogen gebrauchen, zuschlagen, treten, um sich hauen und versteinern muß, um zu überleben. Denn: »Im Geldstromland ist es kalt.«

Ich gebe zu, der Kapitalismus zeigt sich drüben zunächst partiell von seiner übelsten Seite. Aber sind Intellektuelle nicht auch dazu da, zwei Schritte weiter zu denken? Muß ein Michael Brie, der als Intellektueller ernst genommen werden will, in giftiger Ironie noch einmal hervorheben, was viele in der alten UdSSR verächtlicherweise loswerden wollen: »Endlich ist die Last des Sonderweges zu den lichten Höhen des Kommunismus von den Schultern, und die Konsumgesellschaft steht unmittelbar vor der Türe. Endlich keine besondere historische Mission mehr, der ein paar Generationen zu opfern wären, sondern eine kleine einfache Nachentwicklung.« Wäre es denn besser, eine weitere Generation zu opfern, um herauszufinden, ob die lichten Höhen doch noch zu erreichen sind? Und was soll der Quatsch, der Westen werde jetzt von den russischen Demokraten als das »gelobte Land« angeboten, als das »Reich der Freiheit«, wenn es zähneknirschend darum geht, Know-how, Kredite und Investitionen zu kriegen, bei vollem Bewußtsein, daß nicht eine »Fata Morgana«, sondern karge Zeiten allmählicher Umstellung ins Haus stehen?

Zunächst hoffte ich, bei Azzola solide Gedanken über den Sinn einer justiziellen Aufarbeitung der kriminellen Seite der SED-Herrschaft zu finden, bis mir klar wurde, daß, wer auch nur daran denkt, in die Nähe von Lynchjustiz rückt und daß Azzola längst klar ist, daß die Justiz schon wieder »Hure der Politik« ist. Was Wunder, daß er »Frau Senatorin Limbach, die Erfinderin der ›Regierungskriminalität‹«, höhnisch als »Sachwalterin des Guten« abtun kann. (*Weltbühne* 45)

Wer gehofft hat, das Ende des kalten Krieges bringe sofort die totale Abrüstung, kann freilich leicht darüber spotten, daß Bush und Gorbatschow sich »in schönster Harmonie präsentieren«, während nichts darauf hindeute, »daß nun begonnen würde, die Vision einer atomwaffenfreien Welt in die Tat umzusetzen... Von Null-Lösung keine Spur«. (Leuschner) Im Namen der großen Vision kann man alle kleinen und mittleren Schritte verächtlich finden. Es ist der Ton der permanent gepflegten Bitterkeit, der beim Lesen unwillig macht. Belfellah sieht den »Geist der Kristallnacht« am Werk bei der Ausländerfeindlichkeit und zitiert ausländische Studenten aus einem Wohnheim: »Wir werden uns nicht wie Vieh abschlachten lassen wie damals die Juden.« Gibt es denn gar keine Bremse vor dieser demagogischen Mixtur von Begriffen und Dimensionen? Ähnlich demagogisch bei Siegfried Fischer: »Wenn es keine Gesamtkonzeption für die Bundeswehr gibt, so gibt es doch eine klassische Leitidee auf der Hardthöhe: Die neue Großmachtposition Deutschlands muß allseitig militärisch instrumentalisiert und dokumentiert werden.« (*Weltbühne* 44) Das schmerzt, wenn interessante Gedanken so hanebüchen sich selbst entwerten durch ihre Einbettung in pauschale Häme, hinter der nicht selten Angst vor präziser Analyse steht. Mir scheint nicht, daß das eine gute Fortsetzung der Analysen von Tucholsky und Ossietzky ist.

Anderes Beispiel, etwa das kritische Feuilleton: H. Erfurth, weit davon entfernt, eine wirkliche Analyse von Buch- und Lizenzenmarkt zu bieten, delektiert sich hochnäsig daran, anhand der Kleidung die Verleger und Verlagsangestellten auf der Buchmesse wie Marionetten einer Provinzposse erscheinen zu lassen, die alle an imaginären Drähten zappeln und sich immer nur verrückt verkleidet »präsentieren dürfen«, als wären sie von bösen Mächten ferngelenkt. Man kann doch ruhig zugeben, daß man von der schwer durchschaubaren Fülle verwirrt ist, das geht vielen westlichen journalistischen Routiniers genauso. Warum also sich in scheinüberlegene Ironie retten, der man die Mühe, sich zu orientieren, so deutlich anmerkt?

Der Gipfel der Verwechslung von Analyse und moralisierender Häme ist M. Kossoks Artikel über die »Heiße Kartoffel« = Kuba. Gorbatschow wird bei dieser Form von Deutung manchen bald als der mutwillige und USA-hörige Zerstörer oder Totengräber des verheißungsvollen Großexperiments Sozialismus erscheinen. Denn: »Kuba wird endgültig für die USA zum Abschuß freigegeben«, so wie schon Chruschtschow Castro um eine Weltmachtposition betrogen hat, »als sich die UdSSR und die USA über den Kopf Fidel Castros hinweg einigten und die sowjetischen Langstreckenraketen aus Kuba abgezogen wurden. Das haben die Kubaner nie ganz verwunden.« Die Armen! Vor der Nase die Atomraketen weggeklaut! Und die Raketen hätten den armen Kubanern so gutgetan! Warum gibt sich die *Weltbühne* für solchen Stuß her? Wieso wird Kuba fallengelassen »wie eine heiße Kartoffel«, nur weil Castro die Revolution bis zum letzten Kubaner verteidigen will und Menschenrechte für eine imperialistische Erfindung hält?

Die Tränen könnten einem kommen bei der larmoyanten Aufbereitung der Stasi-Problematik durch Heidemarie Hecht. Man merkt beim Lesen bald, daß es sich bei den verdienten Spähern um die eigentlichen, die verführten Helden handelt, an denen Studenten »mit Bürstenschnitt« und abgefeimte Abwickler vom westdeutschen Wissenschaftsrat ihr Rachemütchen kühlen. Das ist nicht Analyse, sondern pure, weinerliche Stimmungsmache, die Moritat wird zum Ersatz von Nachdenken, die Schauergeschichte über das Einzelschicksal zur Denunziation des Versuchs, nicht alles Unrecht ins pure Vergessen geraten zu lassen. (*Weltbühne* 44)

Nur noch zwei kleine Beispiele über den Denkstil, den viele Aufsätze in der *Weltbühne* kultivieren: R. Wauer »analysiert« den »deutschen Humanmarkt«. Da wird die Massenflucht aus dem Realsozialismus zur aktiven Plünderung des Ostens, so, als seien die Sklavenhändlerbanden aus der BRD nachts mit Fangnetzen hinübergefahren: Das »Wirtschaftswunder« begann, sich »mit Arbeitskräften aus dem anderen deutschen Staat... zu versorgen«, kostenlos natürlich, die Freikaufgelder für die gezielt Inhaftierten einmal nicht gerechnet. Hat Wauer nie das Westfernsehen eingeschaltet, wenn er schreiben kann über die armen Ossis: »Ihnen wurde das Land als das Reich des Wahren, Guten und Schönen vorgeführt, wo die Erlösung von allen Übeln vor sich geht.« Verwechselt er die *Bild-Zeitung* mit der gesamten Presse? Nie eine kritische Sendung gesehen? Nie gehört von Panorama, Report und anderen Magazinen, vom so gescholtenen »Rotfunk« des WDR? Man wird, bei solchen Tönen, unfreiwillig zum Verteidiger der verlachten »Sozialen Marktwirtschaft« und der freien Presse, auch wenn man sich vor manchen Produkten ekelt und die Amüsier- und Ablenkungsshows mancher TV-Programme öde findet.

So viel denunziatorische Abgefeimtheit wie bei Mathias Wedel macht Ekel, weil er suggeriert, es werde neuerdings der Volkszorn gelenkt wie zu Goebbels' Zeiten. »Gestern ging es gegen die Asylanten... – Wollen sehen, was diese Woche anliegt: Der Volkszorn... brandet gegen den sandsteinernen Lenin« – als sei er noch so massenhaft und unwidersprochen gelenkt wie zu DDR-Zeiten. Die Übertreibung und Verzerrung nimmt allem den Sinn. Es ist Gekeife und nicht präzisierende Pointierung. Und es ist nicht klärende Groteske, sondern unverhüllte Demagogie, wenn Wedel schreibt: »Wohl dem, der sich rechtzeitig in Schutzhaft bringen lassen kann!« (*Weltbühne* 43)

Die rechtliche Lage für Ost-Bewohner von Häusern mit ursprünglich westdeutschen oder geflohenen Besitzern ist schwierig, oft tragisch; die westliche Presse verschweigt nicht das neue Unrecht, das vielen droht, wenn alte oder uralte oder fast vergessene Ansprüche wieder angemeldet werden. Aber daß das Problem in der *Weltbühne* nicht analysiert wird, sondern mit einer so sentimentalen Schwarz-Weiß-Moritat vom guten armen Ossi, dem verfolgten Juden und dem bösen Wessi angegangen wird, der wie ein Gangster ums Haus schleicht, ist unwürdig und pure Stimmungsmache: »Vor ein paar Tagen trapste Hauptkommissar Nachtigall wieder durch den Garten, ein Bandmaß in der Hand.« So endet die erhellende Geschichte.

Daß ich das Ausmaß der Bitterkeit wie der Schwierigkeit der intellektuellen Neuorientierung in den neuen Ländern verstehe, habe ich in dem Aufsatz über die »Dimensionen der Bitterkeit« zu zeigen versucht (siehe in diesem Band S. 123 ff.). Ich möchte am Schluß dieser Bemerkungen die Frage aufwerfen, ob ein Wessi überhaupt gut daran tut, eine ostdeutsche Intellektuellenzeitschrift mit sozialpsychologischen Kriterien anzugehen. Er wird fast automatisch zum Besserwessi, auch wenn er mit kritischer Sympathie schreibt und außerdem hofft, manche der in der *Weltbühne* gedruckten Gedanken fänden im Westen mehr Verbreitung. Die kontinuierliche Ausscheidung von Bitterkeit mag manchmal psychohygienisch notwendig sein. Und da man sie zu Zeiten der DDR nicht gegen die eigene Regierung richten konnte, fließt sie jetzt endlich straflos gegen die westlichen Ungeheuer. Aber Achtung vor dem intellektuellen Potential der kritischen Nachdenker erzeugt das nicht. Man mag vielleicht besser schlafen nach solchen Ergüssen und sich die Opferidentität immer erneut bestätigen. Aber bis jetzt lädt vieles nicht einmal zur Diskussion ein. Die wuchtigen Klischees, so spürt man, sind nicht neu erdacht, sondern stammen aus einem Fundus von Indoktrinierung, der sich jetzt endlich einmal bestätigen soll.

Soweit das »wütende Erkennen«, das nicht ganz am Ende stehen darf. Denn dem wütenden Erkennen der einen Seite steht immer das der anderen entgegen. Das Resultat ist Gebrüll, wie man es noch immer täglich in der Presse verfolgen kann. Man spürt aber immer häufiger auch Scham über das Ost-West-Geschrei, obwohl es vielleicht notwendig ist, weil es nicht viel Sinn macht, zu viele Affekte hinunterzuschlucken. Wir sollten nur unterscheiden lernen zwischen festgefahrenem Haß und nicht mehr hinterfragter Geringschätzung und dem Getöse einer lebhaften Diskussion.

Mit Bewunderung habe ich das schmale Bändchen von Karl Jaspers mit dem Titel *Die Schuldfrage. Von der politischen Haftung Deutschlands* gelesen, eine Vorlesung aus dem Winter 1945/46, und bin beschämt, es erst jetzt entdeckt zu haben. Aber vieles vom unverdauten Untergrund nach 1945 wird mir nun erst verständlich, auch wenn die Parallelen nur mit größter Vorsicht aufzuzeigen sind. Und selbst wo sie zutreffen, können wir ja nicht, wie inzwischen mehrfach hervorgehoben, die »Bewältigung« einer totalitären Vergangenheit bei der ehemaligen DDR einklagen, die sie jetzt endlich stellvertretend für uns leisten soll. Deshalb versuche ich Jaspers so zu lesen, daß er sich auch auf uns Westdeutsche von heute anwenden läßt: »Wir wollen lernen, miteinander zu reden. Das heißt, wir wollen nicht nur unsere Meinung wiederholen, sondern hören, was der andere denkt... Ja, wir wollen das uns Widersprechende geradezu aufsuchen. Das Ergreifen des Gemeinsamen im Widersprechenden ist wichtiger als die voreilige Fixierung von sich ausschließenden

Standpunkten, mit denen man die Unterhaltung als aussichtslos beendet. Es ist so leicht, entschiedene Urteile affektbetont zu vertreten; es ist schwer, ruhig zu vergegenwärtigen... Wir müssen die Bereitschaft zum Nachdenken wiederherstellen.«

Als ich das las, versuchte ich mir zu vergegenwärtigen, wann ich selbst fähig bin zum gelassenen Nachdenken, und mußte mir sagen: Es sind nicht eben sehr lange Zeitstrecken innerhalb eines ganzen Tages. Der ruhige Raum dafür ist ein Geschenk, das man oft nur von anderen erhält, je nachdem, wer zuhört; ein Geschenk auch, das man gelegentlich sich selber bereitet. Denn für viele innere Monologe, die sich wie redendes Denken anfühlen, gilt: »Der Affekt spricht gegen die Wahrheit des Redenden.« Ich führe mehr wütende, gekränkte, verächtliche, auftrumpfende Monologe als solche, die gelassen kreativ wären oder auf einbeziehendes Brückenbauen ausgerichtet.

Ein Buchtitel der siebziger Jahre, der für viele aus Hemmung verquält Friedfertige, auch in lähmend harmonischen Ehen Lebende, eine Offenbarung war, hieß *Streiten verbindet*. Aber es braucht Räume für den verbindenden Streit, die aus ihm Begegnung machen. Also bitte ich den Leser, das Verbindende in manchen dieser streitbaren Texte zu suchen, sie in den Raum hereinzunehmen, der in der Wut das Suchen zuläßt. Es sind Äußerungen inmitten eines mühsamen Lernens.

Die Autoren der in dem Aufsatz über die Bitterkeit abgedruckten Leserbriefe aus dem *Neuen Deutschland* haben mir schließlich freundlich geantwortet, als ich mich deutlicher zu erkennen gab in meinen Intentionen. Das hat mich zuversichtlich gestimmt. Wir könnten füreinander erreichbar werden, auch wenn es auf beiden Seiten noch viele Altlasten seelischer und politischer Bodenverseuchung gibt.

Annette Simon
Zu dick, zu dünn, zu konvex, zu konkav
Nachwort einer ehemaligen DDR-Bürgerin

Ich bin eine Eingeborene.

Eine von den DDR-BürgerInnen, zu denen Tilmann Moser in seinen »ethnopsychologischen Expeditionen« gereist ist. 1952 in Leipzig geboren, habe ich immer in der DDR gelebt.

Die Tatsache einer solchen »Expedition« und der daraus entstandenen Aufsätze zeigt das Paradoxe unserer gemeinsamen Situation: Nach 27 Jahren fährt ein Mann zum erstenmal wieder aus dem einen in das andere Deutschland, das er in der Zwischenzeit vergessen hatte oder das, besser gesagt, für ihn und sein Leben bisher ganz unwichtig war.

Es geht ihm da genauso wie vielen »Bundis« (wie wir die Westdeutschen vor dem Umbruch genannt haben): Sie hatten uns mehr oder weniger vergessen und wenden uns nun freiwillig oder auch gezwungenermaßen ihre Aufmerksamkeit zu; merkwürdigen Eingeborenen aus einem fremden Land, die nun plötzlich MitbürgerInnen sein sollen. Wir sprechen eine Sprache, aber auf eine noch schwer zu benennende Weise verstehen wir uns nicht. Wir kennen uns nicht. Ost- und Westdeutsche sind weiter voneinander entfernt, als wir je geahnt hatten.

Ich habe für mich einmal das Bild von den zwei Zwillingen gefunden: Zwei Zwillinge, von einem deutschen

Elternpaar geboren, wachsen unter strenger und rigider Erziehung gemeinsam auf. Sie brechen einen Weltkrieg vom Zaun und verlieren ihn – zum Glück. Als eine der selbstverschuldeten Strafen trifft sie die Trennung.

Zwilling West kommt zu reichen, recht großzügigen und mit demokratischen Umgangsformen ausgestatteten Adoptiveltern, die ihm sagen: Wenn du fleißig arbeitest, unterstützen wir dich in jeder Weise. Deine Schuld ist vergessen, denn du kannst uns im übrigen auch gegen die Verbündeten von Zwilling Ost helfen.

Zwilling Ost kommt zu sehr armen und autoritären Adoptiveltern, die ihn anfangs böse schurigeln und seine Schuldgefühle verstärken und ihm sagen: Du bist so schrecklich schlimm gewesen, daß du durch fleißige Arbeit und Gehorsam alles abarbeiten mußt, und du mußt eine neue Ideologie annehmen, damit nie wieder passiert, was du angerichtet hast.

Zwilling West entwickelt sich recht gut. Er wird lokker, dick und bunt. Es gibt viel zu tun, und alles ist zu packen. Er kann seine Schuld in manischer Form verdrängen.

Zwilling Ost trägt an der Bürde der Schaffung eines »neuen Menschen« und eines anderen Staates. Er verinnerlicht seine Schuld, ohne sie wirklich zu bewältigen, und kaut depressiv an ihr herum.

Beide haben anfangs noch Sehnsucht nacheinander. Aber langsam vergißt Zwilling West den anderen, ab und zu denkt er an ihn als an einen, der es schlechter getroffen hat. Er schickt Pakete. Zwilling Ost guckt neidisch auf Zwilling West. Als er wegen der Mauer nicht mehr zu ihm darf, sieht er trotzdem Westfernsehen, hört Westrundfunk und macht sich ständig ein Bild von Zwilling West. Er ist fast gierig nach ihm. Manchmal denkt er aber auch über sich: »Arm, aber ehrlich. Ich arbeite für eine gerechtere Sache.«

Dann ist die Zeit der Trennung abgelaufen: Zwilling Ost durchbricht die Mauer, die sie so lange getrennt hat. Und dieser Moment war eigentlich das Gegenteil von »Wahnsinn«, denn es wurde in einer Nacht die Spaltung aufgehoben – in einem euphorischen Sinne fühlten wir uns für einen Moment wieder »ganz«. Damit wurden aber auch die Möglichkeiten der Abwehr und Projektion aufgehoben: Während die Ostdeutschen gezwungenermaßen die Mauer immer in ihrem Bewußtsein präsent hatten und sich in verschiedensten Formen mit ihr auseinandersetzen mußten, hat sie die Westdeutschen unter anderem auch geschützt vor der Wahrnehmung des tiefen Risses, der die ganze Zeit durch Deutschland gegangen ist. Ein Riß, der neben vielem anderen auch geprägt war durch verschiedene Formen, mit Schuld umzugehen.

Auf einmal stehen sich beide wieder gegenüber, haben sich fast 30 Jahre nicht gesehen und können nach den ersten Freudentränen nichts miteinander anfangen. – Und nun sollen sie in einem Land zusammenleben. Wie soll das geschehen?

Als Psychotherapeutin denke ich, daß sie viel Zeit brauchen werden, sich wieder kennenzulernen. Sie müßten sich erzählen können, was in der Zwischenzeit mit ihnen passiert ist, sich über die vielen getrennten Jahre austauschen.

Und natürlich müßten sie jetzt noch einmal über die gemeinsame Vergangenheit reden, die zu ihrer Trennung geführt hat. Daß sie ausgerechnet am 9. November wieder zusammengekommen sind, müßte ihnen ein Menetekel sein.

Statt dessen wird in wahnwitziger und von der Mehrheit auf beiden Seiten gewollter Geschwindigkeit das eine System über das andere gestülpt, so daß eigentlich nur Zeit für Gegenwartsbewältigung bleibt. Es herrscht eine blinde Augenblickssucht, und mir drängt sich der Verdacht auf, daß sich das kollektive Unbewußte erneut für das Vergessen und Verdrängen entschieden hat. Und dies – bitte schön – auf beiden Seiten. Denn die manische Betriebsamkeit und die überdimensionalen Schuldzuweisungen an die ehemaligen DDR-Bürger, sie sollten nun aber dringlichst ihre stalinistische Vergangenheit bewältigen, sind mit einer solchen emotionalen Wucht aufgeladen, die nur von einer Seite kommen kann, die etwas zu vertuschen oder ein schlechtes Gewissen hat.

Aber neben diesen Verdrängungsprozessen gibt es die Jugendlichen, die sich in Skinhead-Gruppen und in linke Gruppen polarisieren – fast wie in der Weimarer Republik. Manchmal ist mir so, als ob sie ihre Eltern und Großeltern daran erinnern wollen, wo die ungelösten Konflikte ihren Anfang genommen haben.

Es scheint jetzt in Deutschland etwas zu passieren, was ich mir zu diesem Zeitpunkt an keinem anderen Ort in Europa vorstellen könnte: Es wurde für möglich gehalten, innerhalb weniger Monate ein Staatssystem in ein anderes zu überführen. An jedem anderen Ort hätte man sich bestimmt in aufwendigen Vorstudien überlegt, was für Auswirkungen dies auf die Betroffenen haben wird. Man hätte neben den politischen und ökonomischen Problemlösungsversuchen auch ein wenig über psychologische Mechanismen nachgedacht. Bei uns ist dies anscheinend ausgeblieben, da wir ja »alle Deutsche sind« und so etwas wieder mal in einer Blitzaktion durchziehen können. Dieser grob fahrlässigen Vernachlässigung von Psychologie stellt sich Tilmann Moser mit seinen Aufsätzen entgegen.

Da wir leider in diesen Geschwindigkeiten nicht dazu kommen, uns kennenzulernen, und uns mit neuen Klischee-Bildern vom Besser-Wessi und Jammer-Ossi aus der Patsche helfen, uns wieder Bilder voneinander machen, so als ob die Mauer noch stehen würde, halte ich den Versuch, der anderen Seite wirklich begegnen zu wollen, für unendlich wertvoll.

Aber ich spüre es an mir selbst in diesen Monaten des Zusammenwucherns: Ich bin andauernd nur beschäftigt mit organisatorischen Dingen. Ich stehe in verschiedenen neuen Schlangen; notwendige Anträge und Fragebögen sind auszufüllen; Informationen sind einzuholen, und ich muß verschiedenen Vereinigungen beitreten, um meine berufliche Existenz abzusichern. Gleichzeitig möchte ich auch Versäumtes nachholen: Filme sehen, Bücher lesen, Kleider kaufen. Ich bin verunsichert, unruhig und hektisch. Ich bemühe mich, die neue Welt zu erfassen und zu verstehen, auch die Menschen, die ich jetzt kennenlerne. Ich komme kaum zum ruhigen Nachdenken, noch zum Schreiben darüber.

Und in so einem Moment ist es dann fast unerträglich, den anscheinend so gleichmütigen, fast therapeutischen Blick eines Zwillings West, den »Blick von außen« auf sich ruhen zu spüren. Ich bin in kribbeligem Aufruhr, werde zwischen euphorischen und qualvoll-zornigen Momenten hin- und hergerissen. Da schreibt jemand in der Freiburger Idylle, fern dieses ganzen Neuanpassungswirbels, in gemessenen langen Sätzen auch über mich: Sie ist oft gedemütigt und erniedrigt worden, und jetzt ist sie wirklich verbittert und wütend.

In der zwischen Tilmann Moser und mir entstandenen Freundschaft habe ich oft äußerst allergisch reagiert, wenn er den Ton des »geschwisterlichen Mitleids« oder des Therapeuten angeschlagen hat, der zu »von der Politik kollektiv zu verstörten Patienten gemachten Mitmenschen« kommt.

Es gibt einen Moment – übrigens auch in Therapien –, da will man verdammt noch mal nicht einfühlend verstanden werden, sondern will eben verzweifelt und zornig sein, einfach so schreien. Schreien, ohne daß gleich die Motive dafür analysiert werden. Entweder der andere schreit mit, weil er diese Verzweiflung kennt, oder er hält meinen Schrei aus, oder er läßt mich damit allein fertig werden.

Es ist offensichtlich, daß wir momentan keinen gemeinsamen Schrei zustande bringen. Wir sind nicht gleichermaßen existentiell betroffen. Ich sage dies ohne Vorwurf, aber es erklärt, warum es den idealerweise erwünschten »therapeutischen Raum« (neben vielen anderen Unmöglichkeiten des »Settings«) zwischen Ost und West jetzt nicht geben kann: Zwilling Ost ist mit Existenzbewältigung voll ausgelastet, manchmal überfordert. Zwilling West hat das gleiche Leben wie vorher auch. Und Zwilling Ost wird das untergründige Gefühl nicht los: Irgendwas wird auf meinem Rücken ausgetragen, an dem auch Zwilling West eigentlich mehr beteiligt ist, als es jetzt aussieht. Da sind wir wieder bei den Abspaltungen von Schuld.

Moser beschreibt als ein Motiv für seine Reisen die »innere DDR« und den unbewältigten Faschismus in seiner Familie. Aber gerade das ist nicht die DDR. Das ist das »innere Deutschland«, das genauso in den Hochsicherheitstrakts der RAF-Häftlinge und in den Schlachten um Brokdorf zu finden ist. An diesem Punkt sollten wir beginnen, die gegenseitigen Projektionen zu erkennen und aufzuheben. Und es müßte auf der Westseite auch eine Bereitschaft einsetzen, die eigenen Abspaltungen aufzudecken. Aber die Westseite hat dies momentan existentiell überhaupt nicht nötig, weil sich ihr System gerade als das ökonomisch überlegene erwiesen hat. Auch dies ist, denke ich, eine der Ursachen der jetzigen Bitterkeit der ehemaligen DDR-Bürger: Es werden ihnen zwei Schuldenlasten auf den Rücken geladen, wobei die eine Schuld von Anfang an eine beidseitig zu tragende gewesen wäre und die andere Schuld nur die DDR-Bürger selbst etwas anzugehen hätte. Sie dürfte nicht von den Westdeutschen dazu benutzt werden, sich selbst als überlegen, rein und weiß, »weißer geht's nicht«, darzustellen.

Ich denke, Moser hat dies auf seinen mehrmaligen Reisen inzwischen verstanden. Ich sehe eine Entwicklung von seinem ersten Artikel »Einfühlungsversuche in ein Volk von Gedemütigten und Entrechteten« bis zu »Dimensionen der Bitterkeit«. In diesem letzten Artikel nimmt er den verletzten Aufschrei eines Leserbriefes als das, was er auch ist: das Zeigen einer offenen Wunde, die durch Anschauen erneut zum Bluten gebracht wurde. Es wird nicht nur das Symptom diagnostiziert, daß da jemand offensichtlich auch schwer dogmatisch vernebelt ist, sondern es setzt einfache Mitbetroffenheit ein.

Diese Mitbetroffenheit berührt mich, und die kann ich gelten lassen, auch die »geschwisterliche Neugier«. Eine Neugier, die nicht von vornherein über uns Bescheid weiß, wie es uns als DDR-Eingeborenen ergangen ist und jetzt gehen sollte.

Es wurde und wird jetzt ja sehr viel über uns geschrieben und in den Medien verbreitet. Nur sehr selten fühlte ich mich wirklich gemeint. Es gibt die schon angesprochenen Klischee-Bilder über uns, die aus Halbwahrheiten zusammengesetzt sind und in denen ich weder mich noch die Erfahrungen meines Lebens wiederfinde.

Wenn ich jetzt mit Westlern rede, versuche ich immer, diese Medienbilder zu differenzieren, und habe das Gefühl, andauernd alles erklären zu müssen. Ich komme mir manchmal vor wie eine Schallplatte, die ständig die gleiche Rille wiederholt:

– Es war alles viel differenzierter …

– Viele Menschen hier haben ganz anders gelebt … es gibt nicht den »typischen DDR-Bürger« …

– Der Einmarsch der Warschauer Paktstaaten 1968 in die ČSSR war das Trauma meiner Generation …

– WIR haben eher eine osteuropäische Identität...
– Es gab einen gut funktionierenden Freundschafts-underground, mit wirklichen menschlichen Verbindlichkeiten... usw. usf.

Trotzdem merke ich am skeptischen oder fragenden Blick meines Gegenübers, daß er mich nur schwer versteht. Ich müßte dazu auch wirklich noch viel mehr erzählen: Die verschiedenen Geschichten wahrscheinlich, die ein Leben ausmachen. Z.B. auch die Geschichte:

Wie ich aufhörte, ein gläubiger Pionier zu sein

»Ich war ein sehr eifriger und gläubiger Pionier (interessanterweise gibt es keine weibliche Form dieses Wortes). Das führte auch dazu, daß ich 1965 oder 66 zum DDR-weiten Pioniertreffen in das damalige Karl-Marx-Stadt delegiert wurde. Dies war eine Auszeichnung, und ich stellte mir das Ganze als ein fröhliches Fest vor. Dieses Fest bestand dann vor allen Dingen aus stundenlangen Aufmärschen, die wiederum mit stundenlangem Warten vor diesen Aufmärschen verbunden waren. Wir bekamen zwar beeindruckende Verpflegungsbeutel – das erste Mal in meinem Leben Mangosaft –, langweilten uns aber fast zu Tode. In einem dieser Aufmärsche wurde vor meinem Marschblock ein LKW mitgeführt, auf dem die überlebensgroßen Pappmaché-Puppen der damaligen BRD-Politiker dargestellt waren. In meiner Erinnerung waren es Kiesinger und Erhard, und zu meinem wirklich großen Entsetzen wurden diesen Puppen, vor der Tribüne angekommen, die Köpfe abmontiert und auf einen anderen LKW geladen, der das Spruchband MÜLLHAUFEN DER GESCHICHTE trug. Das 13jährige Mädchen, das ich war, hatte das Gefühl, einer wirklichen Hinrichtung beizuwohnen. Ich weiß, daß es dieser Moment war, an dem ich innerlich ausgestiegen bin. ›Oder meinen Sie‹, wie mir mein Stasi-Verhörer in der Nacht vom 7. zum 8. Oktober 1989 auf meine Frage antwortete, was er von den Zuführungen halte: ›Meinen Sie, wir haben nicht nachgedacht?‹«

Manchmal ging der deutsche Riß auch durch einen Menschen hindurch, und ich kann mir einfach nicht vorstellen, daß er nicht auch durch einen Westdeutschen gegangen ist. Genausowenig wie ich mir vorstellen kann, daß dieses Gefühl, auf der besseren, also moralisch gerechteren Seite zu stehen, noch eine Seite ernsthaft aufrechterhalten kann. Das geht nur, wenn man die nach 1945 entstandene Spaltung weiter aufrechterhält; wenn die ganze psychische Energie des deutschen kollektiven Unbewußten weiterhin auf Abspaltung zielt, auf immerwährende Verdrängung. Denn sonst könnten wir doch endlich sehen, daß wir zwei Seiten einer Medaille sind.

Der Aufsatz, der mir in diesem Buch am besten gefällt, ist »Ermunterung zur Freundschaft«, in dem Moser unter anderem beschreibt, wie er sich auch unseren Blicken ausgesetzt hat und die damit ausgelöste Verunsicherung, die mit jeder Aufhebung von Abspaltung einhergeht, auf sich hat wirken lassen.

Denn es kann nicht funktionieren, wie es jetzt im

großen Maßstab geschieht, daß nur wir angeschaut, bewertet, seziert, belächelt oder bestaunt werden; daß nur wir in den Augen der Westler gespiegelt werden. Und wenn wir in diese Augen blicken, sehen wir uns als verzerrte Gestalten aus den komisch-grausigen Spiegelkabinetten auf Rummelplätzen: mal zu dick, mal zu dünn oder zu konvex oder zu konkav. Der Spiegel muß auch umgedreht werden: Wir brauchen klare und selbstbewußte Darstellungen von DDR-Bürgern, wie sie den Westen und die Westler erleben.

Während ich dies schreibe, sehe ich mich in einem Vorlesungssaal der Humboldt-Universität sitzen. Auf dem Podium stehen drei Westpsychologen, die uns, für ein entsprechendes Entgelt natürlich, einen Vortrag halten, wie man sich als Psychologe in selbständiger Praxis niederlassen kann.

Sie schildern Details wie die Größe des Praxisschildes oder wie man sich anzuziehen hätte, wenn man von der Bank einen Kredit haben möchte. (Für die Dame: einfaches, aber gut gearbeitetes dunkles Kostüm.)

Mehrmals gehen Lachwellen durch den Saal. Sie sehen erstaunt auf. Sie verstehen wirklich nicht, worüber wir lachen. Mit einer mir unverständlichen Selbstverständlichkeit zelebrieren sie vor uns die Mechanismen ihres Systems, ohne zu beachten, daß dies für uns manchmal wie eine Karikatur des Kapitalismus aus dem alten Staatsbürgerkundeunterricht erscheinen muß. Wir lachen darüber, daß diese Karikaturen jetzt zutreffen, und für einen Moment fühlen wir uns nicht mehr unterlegen.

Aber dann sehe ich mir das bekrakelte Studentenschreibpult vor mir an, »neues forum« ist da eingeritzt worden. Und fast muß ich weinen. Ich weine meinem Glauben nach, die Welt für veränderbar gehalten zu haben. Angesichts dieser geschäftstüchtigen Magier des Kapitalismus kommt mir dieser Glaube auch ein wenig naiv und provinziell vor.

Aber letztendlich und so wenig wie ich der alten DDR nachtrauere, wünsche ich mir doch, daß unter anderem die Werte von ihr erhalten bleiben mögen, die sie zwar dauernd vermittelte, selbst aber nur ungenügend eingelöst hat: das soziale Gewissen, die Solidarität mit Ärmeren und Schwächeren in der Welt und im eigenen Land und die Hoffnung, daß diese Welt nicht so bleiben muß, wie sie ist.

Nachweise

Vorwort: Der kränkende Blick von außen, die innere DDR und der Nazi-Vater. Juni 1991

Vom Umgang mit Wut, Scham, Trauer, Angst und Verwirrung. Januar 1990, erschienen April 1990 im Sonderheft *GEO Spezial DDR*

Die eine Zukunft und die zwei Vergangenheiten. Vortrag vor der Katholischen Akademie Fulda. September 1990, erschienen in *Das Plateau*, Dezember 1990

Revolution und kollektive Neurose. Über Hans-Joachim Maaz' Buch *Der Gefühlsstau. Ein Psychogramm der DDR*, Berlin 1990. November 1990, erschienen in der *Frankfurter Allgemeinen Zeitung*

Die beredte Sprachlosigkeit. Von den Schwierigkeiten der DDR-Bürger, mit Westdeutschen über sich zu sprechen. Januar 1991. Vortrag zur Tagung »Literatur und Psychoanalyse«, Freiburg. Gekürzt abgedruckt im *Neuen Deutschland* vom 28.3. 1991 und gesendet in Aula, SDR, Juni 1991

Wer seid ihr, wie habt ihr gelebt? Ermunterung zur Freundschaft, *Frankfurter Allgemeine Zeitung*, 20.4. 1991

Wo bleibt die Psychologie im Prozeß der Vereinigung? Mai 1991, erschienen in der *Frankfurter Rundschau*, 13.7. 1991

Ein Stück der Angst bleibt. Über die Aufarbeitung seelischer Konflikte in der ehemaligen DDR – Gespräche mit verunsicherten Therapeuten. Februar 1991, gekürzt in *Die Zeit*, 7.6. 1991

»Das ist ja der Wahnsinn, diese Schizophrenie«. Politische Zuhälterei oder: Ein Leben für die Stasi. Über das Buch *Geschützte Quelle, Gespräche mit Monika H. alias Karin Lenz*, BasisDruck, Berlin 1990, in *Die Zeit*, 3.10. 1991

Dimensionen der Bitterkeit. Juni 1991, gekürzt in SDR, September 1991

Die Förderung und kommerzielle Verwertung von Ressentiment und Bitterkeit in einer neuen Publizistik, Mai 1991

Schlußbemerkungen. November 1991

Annette Simon. Zu dick, zu dünn, zu konvex, zu konkav. Nachwort einer ehemaligen DDR-Bürgerin. September 1991

Psychoanalyse, Psychologie, Sozialpsychologie in der edition suhrkamp

Analytische Sozialpsychologie. Herausgegeben von Helmut Dahmer. 2 Bde. es 953

Aron, Jean-Paul / Roger Kempf: Der sittliche Verfall. Bourgeoisie und Sexualität in Frankreich. Aus dem Französischen von Agnes Bucaille-Euler, Birgit Spielmann und Gerhard Mahlberg. es 1116

Calasso, Roberto: Die geheime Geschichte des Senatspräsidenten Dr. Daniel Paul Schreber. Aus dem Italienischen von Reimar Klein. es 1024

Die wilde Seele. Aufsätze zur Ethnopsychoanalyse Georges Devereux'. Herausgegeben von Hans Peter Duerr. es 1235

Der eingekreiste Wahnsinn. Mit Beiträgen von David Cooper, Jean Pierre Faye, Marie-Odile Faye, Michel Foucault, Marquis de Sade, Marine Zecca. Aus dem Französischen von Elke Wehr. es 965

Foucault, Michel: Psychologie und Geisteskrankheit. Übersetzt von Anneliese Botond. es 272

Fromm, Erich: Analytische Sozialpsychologie und Gesellschaftstheorie. es 425

Görlich, Bernard / Alfred Lorenzer / Alfred Schmidt: Der Stachel Freud. Beiträge und Dokumente zur Kulturismus-Kritik. Mit Texten von Otto Fenichel, Th. W. Adorno, Max Horkheimer und Herbert Marcuse. Herausgegeben von Bernard Görlich. es 961

Goffman, Erving: Asyle. Über die soziale Situation psychiatrischer Patienten und anderer Insassen. Aus dem Amerikanischen von Nils Lindquist. es 678

Guattari, Félix: Psychotherapie, Politik und die Aufgaben der institutionellen Analyse. Vorwort von Gilles Deleuze. Aus dem Französischen übersetzt von Grete Osterwald. es 768

Kristeva, Julia: Fremde sind wir uns selbst. Aus dem Französischen von Xenia Rajewsky. es 1604

Laing, Ronald D.: Phänomenologie der Erfahrung. Aus dem Englischen übersetzt von Klaus Figge und Waltraud Stein. es 314

Logik des Herzens. Die soziale Dimension der Gefühle. Herausgegeben von Gerd Kahle. es 1042

Mahony, Peter: Der Schriftsteller Sigmund Freud. Aus dem Englischen von Helmut Junker. es 1484

de Mause, Lloyd: Grundlagen der Psychohistorie. es 1175

Mitscherlich, Alexander: Freiheit und Unfreiheit in der Krankheit. Studien zur psychosomatischen Medizin 3. es 505

– Krankheit als Konflikt. Studien zur psychosomatischen Medizin 2. es 237

313/1/6.90

Psychoanalyse, Psychologie, Sozialpsychologie in der edition suhrkamp

Mitscherlich, Alexander: Die Unwirtlichkeit unserer Städte. Anstiftung zum Unfrieden. es 123

Moser, Tilmann: Eine fast normale Familie. Über Theater und Gruppentherapie. es 1223

– Der Psychoanalytiker als sprechende Attrappe. Eine Streitschrift. es 1404

– Repressive Kriminalpsychiatrie. Vom Elend einer Wissenschaft. Eine Streitschrift. es 419

– Romane als Krankengeschichten. Über Handke, Meckel und Martin Walser. es 1304

– Verstehen, Urteilen, Verurteilen. Psychoanalytische Gruppendynamik mit Jurastudenten. es 880

Die Museen des Wahnsinns und die Zukunft der Psychiatrie. Herausgegeben von Manfred Max Wambach, Gert Hellerich und Wolfgang Reichel. Übersetzungen aus dem Französischen und Italienischen von Christa Schulz. es 1032

Nathan, Tobie: Ideologie, Sexualität und Neurose. Eine Abhandlung zur ethno-psychoanalytischen Klinik. Vorwort von Georges Devereux. Aus dem Französischen übersetzt von Max Looser. es 975

Niederland, William G.: Folgen der Verfolgung: Das Überlebenden-Syndrom Seelenmord. es 1015

Psychoanalyse der weiblichen Sexualität. Herausgegeben von Janine Chasseguet-Smirgel. Aus dem Französischen übersetzt von Grete Osterwald. es 697

Psychoanalyse im Wandel. Beiträge von Wolfgang Loch, Ursula Pohlmann, Otto F. Kernberg, Helm Stierlin, Paul Parin, Horst-Eberhard Richter, Peter Fürstenau. Herausgegeben und eingeleitet von Peter Kutter. es 881

Raimbault, Ginette: Kinder sprechen vom Tod. Klinische Probleme der Trauer. Aus dem Französischen übersetzt von Rainer Harnisch. es 993

Sechehaye, Marguerite: Tagebuch einer Schizophrenen. Selbstbeobachtungen einer Schizophrenen während der psychotherapeutischen Behandlung. Aus dem Französischen übersetzt von Eva Moldenhauer. es 613

Was ist Psychiatrie? Herausgegeben von Franco Basaglia. Aus dem Italienischen von Anneheide Ascheri-Osterlow. es 708

313/2/6.90

edition suhrkamp
Eine Auswahl

Abelshauser: Wirtschaftsgeschichte der Bundesrepublik Deutschland 1945-1980. NHB. es 1241
Abendroth: Ein Leben in der Arbeiterbewegung. es 820
Achebe: Okonkwo oder Das Alte stürzt. es 1138
Adam / Moodley: Südafrika ohne Apartheid? es 1369
Adorno: Eingriffe. es 10
– Kritik. es 469
– Ohne Leitbild. es 201
– Stichworte. es 347
Das Afrika der Afrikaner. es 1039
Arbeitslosigkeit in der Arbeitsgesellschaft. es 1212
Aus der Zeit der Verzweiflung. es 840
Bachtin: Die Ästhetik des Wortes. es 967
Barthes: Kritik und Wahrheit. es 218
– Leçon/Lektion. es 1030
– Mythen des Alltags. es 92
– Semiologisches Abenteuer. es 1441
– Die Sprache der Mode. es 1318
Beck, U.: Gegengifte. es 1468
– Risikogesellschaft. es 1365
Becker, Jurek: Warnung vor dem Schriftsteller. es 1601
Beckett: Endspiel. Fin de Partie. es 96
– Flötentöne. es 1098
– Mal vu, mal dit. Schlecht gesehen, schlecht gesagt. es 1119
Benjamin: Aufklärung für Kinder. es 1317
– Briefe. es 930
– Das Kunstwerk im Zeitalter seiner technischen Reproduzierbarkeit. es 28
– Moskauer Tagebuch. es 1020
– Das Passagen-Werk. es 1200
– Versuche über Brecht. es 172
– Zur Kritik der Gewalt und andere Aufsätze. es 103
Bernhard: Der deutsche Mittagstisch. es 1480
– Prosa. es 213
Bertaux: Hölderlin und die Französische Revolution. es 344
Biesheuvel: Schrei aus dem Souterrain. es 1179
Bildlichkeit. es 1475
Bloch: Abschied von der Utopie? es 1046
– Kampf, nicht Krieg. es 1167
Boal: Theater der Unterdrückten. es 1361
Böhme, Helmut: Prolegomena zu einer Sozial- und Wirtschaftsgeschichte Deutschlands im 19. und 20. Jahrhundert. es 253
Bohrer: Die Kritik der Romantik. es 1551
– Der romantische Brief. es 1582
Bond: Gesammelte Stücke. es 1340
Botzenhart: Reform, Restauration, Krise. NHB. es 1252
Bovenschen: Die imaginierte Weiblichkeit. es 921
Brandão: Kein Land wie dieses. es 1236
Brasch: Frauen. Krieg. Lustspiel. es 1469
– Lovely Rita. Rotter. Lieber Georg. es 1562

316/1/6.90

edition suhrkamp
Eine Auswahl

Braun, V.: Verheerende Folgen mangelnden Anscheins innerbetrieblicher Demokratie. es 1473
Brecht: Der aufhaltsame Aufstieg des Arturo Ui. es 144
– Aufstieg und Fall der Stadt Mahagonny. es 21
– Ausgewählte Gedichte. es 86
– Baal. es 170
– Buckower Elegien. es 1397
– Die Dreigroschenoper. es 229
– Furcht und Elend des Dritten Reiches. es 392
– Gesammelte Gedichte. Bd. 1-4. es 835-838
– Die Geschäfte des Herrn Julius Caesar. es 332
– Die Gesichte der Simone Machard. es 369
– Die Gewehre der Frau Carrar. es 219
– Der gute Mensch von Sezuan. es 73
– Die heilige Johanna der Schlachthöfe. es 113
– Herr Puntila und sein Knecht Matti. es 105
– Im Dickicht der Städte. es 246
– Der kaukasische Kreidekreis. es 31
– Leben des Galilei. es 1
– Leben Eduards des Zweiten von England. es 245
– Mann ist Mann. es 259
– Die Mutter. es 200
– Mutter Courage und ihre Kinder. es 49
– Der Ozeanflug. Die Horatier und die Kuratier. Die Maßnahme. es 222
– Prosa. Bd. 1-4. es 182-185
– Schweyk im zweiten Weltkrieg. es 132
– Die Tage der Commune. es 169
– Trommeln in der Nacht. es 490
– Der Tui-Roman. es 603
– Über den Beruf des Schauspielers. es 384
– Über Lyrik. es 70
– Über Politik auf dem Theater. es 465
– Über Politik und Kunst. es 442
– Über Realismus. es 485
– Das Verhör des Lukullus. es 740
Brunkhorst: Der Intellektuelle im Land der Mandarine. es 1403
Bubner: Ästhetische Erfahrung. es 1564
Buch: Der Herbst des großen Kommunikators. es 1344
– Waldspaziergang. es 1412
Bürger, P.: Theorie der Avantgarde. es 727
Celan: Ausgewählte Gedichte. Zwei Reden. es 262
Cortázar: Letzte Runde. es 1140
– Das Observatorium. es 1527
– Reise um den Tag in 80 Welten. es 1045
Denken, das an der Zeit ist. es 1406
Derrida: Die Stimme und das Phänomen. es 945
Determinanten der westdeutschen Restauration 1945-1949. es 575
Dinescu: Exil im Pfefferkorn. es 1589
Ditlevsen: Sucht. es 1009

316/2/6.90

edition suhrkamp
Eine Auswahl

Ditlevsen: Wilhelms Zimmer. es 1076
Doi: Amae – Freiheit in Geborgenheit. es 1128
Dröge / Krämer-Badoni: Die Kneipe. es 1380
Dubiel: Was ist Neokonservatismus? es 1313
Duerr: Traumzeit. es 1345
Duras: Eden Cinéma. es 1443
– La Musica Zwei. es 1408
– Sommer 1980. es 1205
– Vera Baxter oder Die Atlantikstrände. es 1389
Eco: Zeichen. es 895
Eich: Botschaften des Regens. es 48
Elias: Humana conditio. es 1384
Norbert Elias über sich selbst. es 1590
Enzensberger: Blindenschrift. es 217
– Einzelheiten I. es 63
– Einzelheiten II. es 87
– Die Furie des Verschwindens. es 1066
– Landessprache. es 304
– Palaver. es 696
– Das Verhör von Habana. es 553
Esser: Gewerkschaften in der Krise. es 1131
Faszination der Gewalt. es 1141
Feminismus. Inspektion der Herrenkultur. es 1192
Feyerabend: Erkenntnis für freie Menschen. es 1011
– Wissenschaft als Kunst. es 1231
Fortschritte der Naturzerstörung. es 1489
Foucault: Psychologie und Geisteskrankheit. es 272
Frank: Gott im Exil. es 1506
Frank, M.: Der kommende Gott. es 1142
– Motive der Moderne. es 1456
– Die Unhintergehbarkeit von Individualität. es 1377
– Was ist Neostrukturalismus? es 1203
Frevert: Frauen- Geschichte. NHB. es 1284
Frisch: Biedermann und die Brandstifter. es 41
– Die Chinesische Mauer. es 65
– Don Juan oder Die Liebe zur Geometrie. es 4
– Frühe Stücke. es 154
– Graf Öderland. es 32
Gerhard: Verhältnisse und Verhinderungen. es 933
Geyer: Deutsche Rüstungspolitik 1860-1980. NHB. es 1246
Goetz: Krieg/Hirn. es 1320
Goffman: Asyle. es 678
– Geschlecht und Werbung. es 1085
Gorz: Der Verräter. es 988
Gstrein: Einer. es 1483
Habermas: Eine Art Schadensabwicklung. es 1453
– Legitimationsprobleme im Spätkapitalismus. es 623
– Die nachholende Revolution. es 1663
– Die Neue Unübersichtlichkeit. es 1321
– Technik und Wissenschaft als Ideologie. es 287
– Theorie des kommunikativen Handelns. es 1502
Hänny: Zürich, Anfang September. es 1079

316/3/6.90

edition suhrkamp
Eine Auswahl

Kroetz: Nicht Fisch nicht Fleisch. Verfassungsfeinde. Jumbo-Track. es 1094
– Oberösterreich. Dolomitenstadt Lienz. Maria Magdalena. Münchner Kindl. es 707
– Stallerhof. Geisterbahn. Lieber Fritz. Wunschkonzert. es 586
Krolow: Ausgewählte Gedichte. es 24
Laederach: Fahles Ende kleiner Begierden. es 1075
– Der zweite Sinn. es 1455
Lehnert: Sozialdemokratie zwischen Protestbewegung und Regierungspartei 1848-1983. NHB. es 1248
Lem: Dialoge. es 1013
Lenz, H.: Leben und Schreiben. es 1425
Leroi-Gourhan: Die Religionen der Vorgeschichte. es 1073
Leutenegger: Lebewohl, Gute Reise. es 1001
– Das verlorene Monument. es 1315
Lévi-Strauss: Das Ende des Totemismus. es 128
– Mythos und Bedeutung. es 1027
Die Listen der Mode. es 1338
Löwenthal: Mitmachen wollte ich nie. es 1014
Lohn: Liebe. es 1225
Lukács: Gelebtes Denken. es 1088
Maeffert: Bruchstellen. es 1387
Marcus: Umkehrung der Moral. es 903
Marcuse: Ideen zu einer kritischen Theorie der Gesellschaft. es 300
– Konterrevolution und Revolte. es 591
– Kultur und Gesellschaft 1. es 101
– Kultur und Gesellschaft 2. es 135
– Versuch über die Befreiung. es 329
Maruyama: Denken in Japan. es 1398
Mattenklott: Blindgänger. es 1343
Mayer: Anmerkungen zu Brecht. es 143
– Gelebte Literatur. es 1427
– Versuche über die Oper. es 1050
Mayröcker: Magische Blätter. es 1202
– Magische Blätter II. es 1421
McKeown: Die Bedeutung der Medizin. es 1109
Meckel: Von den Luftgeschäften der Poesie. es 1578
Medienmacht im Nord-Süd-Konflikt: Die neue Internationale Informationsordnung. Friedensanalysen Bd. 18. es 1166
Meier, Chr.: Die Ohnmacht des allmächtigen Dictators Caesar. es 1038
Menninghaus: Paul Celan. es 1026
Menzel / Senghaas: Europas Entwicklung und die Dritte Welt. es 1393
Miłosz: Zeichen im Dunkel. es 995
Mitscherlich: Freiheit und Unfreiheit in der Krankheit. es 505

316/5/6.90

edition suhrkamp
Eine Auswahl

Mitscherlich: Krankheit als Konflikt. es 237
– Die Unwirtlichkeit unserer Städte. es 123
Mitterauer: Sozialgeschichte der Jugend. NHB. es 1278
Möller: Vernunft und Kritik. NHB. es 1269
Moser: Eine fast normale Familie. es 1223
– Der Psychoanalytiker als sprechende Attrappe. es 1404
– Romane als Krankengeschichten. es 1304
Muschg: Literatur als Therapie? es 1065
Mythos ohne Illusion. es 1220
Mythos und Moderne. es 1144
Nakane: Die Struktur der japanischen Gesellschaft. es 1204
Die neue Friedensbewegung. es 1143
Ngũgĩwa Thiong'o: Der gekreuzigte Teufel. es 1199
Nizon: Am Schreiben gehen. es 1328
Oehler: Pariser Bilder I (1830-1848). es 725
– Ein Höllensturz der Alten Welt. es 1422
Oppenheim: Husch, husch, der schönste Vokal entleert sich. es 1232
Paetzke: Andersdenkende in Ungarn. es 1379
Paley: Ungeheure Veränderungen in letzter Minute. es 1208
Paz: Der menschenfreundliche Menschenfresser. es 1064
– Suche nach einer Mitte. es 1008
– Zwiesprache. es 1290
Petri: Schöner und unerbittlicher Mummenschanz. es 1528
Politik der Armut und Die Spaltung des Sozialstaats. es 1233
Populismus und Aufklärung. es 1376
Powell: Edisto. es 1332
– Eine Frau mit Namen Drown. es 1516
Psychoanalyse der weiblichen Sexualität. es 697
Pusch: Alle Menschen werden Schwestern. es 1565
– Das Deutsche als Männersprache. es 1217
Raimbault: Kinder sprechen vom Tod. es 993
Ribeiro, D.: Unterentwicklung, Kultur und Zivilisation. es 1018
– Wildes Utopia. es 1354
Ribeiro, J. U.: Sargento Getúlio. es 1183
Rodinson: Die Araber. es 1051
Roth: Die einzige Geschichte. es 1368
– Das Ganze ein Stück. es 1399
– Krötenbrunnen. es 1319
Rubinstein: Nichts zu verlieren und dennoch Angst. es 1022
Sterben kann man immer noch. es 1433
Rühmkorf: agar agar – zaurzaurim. es 1307
Russell: Probleme der Philosophie. es 207
– Wege zur Freiheit. es 447
Schedlinski: die rationen des ja und des nein. es 1606
Schindel: Geier sind pünktliche Tiere. es 1429
– Im Herzen die Krätze. es 1511

316/6/6.90

edition suhrkamp
Eine Auswahl

Schleef: Die Bande. es 1127
Schönhoven: Die deutschen Gewerkschaften. NHB. es 1287
Schrift und Materie der Geschichte. es 814
Schröder: Die Revolutionen Englands im 17. Jahrhundert. NHB. es 1279
Schubert: Die internat ionale Verschuldung. es 1347
Das Schwinden der Sinne. es 1188
Sechehaye: Tagebuch einer Schizophrenen. es 613
Segbers: Der sowjetische Systemwandel. es 1561
Senghaas: Europa 2000. es 1662
– Konfliktformationen im internationalen System. es 1509
– Von Europa lernen. es 1134
– Die Zukunft Europas. es 1339
Sieferle: Die Krise der menschlichen Natur. es 1567
Simmel: Schriften zur Philosophie und Soziologie der Geschlechter. es 1333
Sloterdijk: Der Denker auf der Bühne. es 1353
– Eurotaoismus. es 1450
– Kopernikanische Mobilmachung und ptolemäische Abrüstung. es 1375
– Kritik der zynischen Vernunft. es 1099
Söllner, W.: Kopfland. Passagen. es 1504
Staritz: Geschichte der DDR 1949-1985. NHB. es 1260
Stichworte zur ›Geistigen Situation der Zeit‹. 2 Bde. es 1000
Struck: Kindheits Ende. es 1123
– Klassenliebe. es 629
Szondi: Theorie des modernen Dramas. es 27
Techel: Es kündigt sich an. es 1370
Tendrjakow: Sechzig Kerzen. es 1124
Thiemann: Kinder in den Städten. es 1461
– Schulszenen. es 1331
Thompson: Die Entstehung der englischen Arbeiterklasse. es 1170
Thränhardt: Geschichte der Bundesrepublik Deutschland. NHB. es 1267
Todorov: Die Eroberung Amerikas. es 1213
Treichel: Liebe Not. es 1373
Vargas Llosa: Gegen Wind und Wetter. es 1513
– La Chunga. es 1555
Vernant: Die Entstehung des griechischen Denkens. es 1150
– Mythos und Gesellschaft im alten Griechenland. es 1381
Vom Krieg der Erwachsenen gegen die Kinder. es 1190
Vor der Jahrtausendwende: Berichte zur Lage der Zukunft. es 1550
Walser, M.: Ein fliehendes Pferd. es 1383
– Geständnis auf Raten. es 1374
– Selbstbewußtsein und Ironie. es 1090
– Über Deutschland reden. es 1553
– Wie und wovon handelt Literatur. es 642
Weiss, P.: Abschied von den Eltern. es 85

316/7/6.90

edition suhrkamp
Eine Auswahl

Weiss, P.: Die Ästhetik des Widerstands. es 1501
– Die Besiegten. es 1324
– Fluchtpunkt. es 125
– Das Gespräch der drei Gehenden. es 7
– Der neue Prozeß. es 1215
– Notizbücher 1960-1971. es 1135
– Notizbücher 1971-1980. es 1067
– Rapporte. es 276
– Rapporte 2. es 444
– Der Schatten des Körpers des Kutschers. es 53
– Stücke I. es 833
– Stücke II. 2 Bde. es 910
– Verfolgung ... Marat/Sade. es 68

Sinclair (P. Weiss): Der Fremde. es 1007

Peter Weiss im Gespräch. es 1303

Die Wiederkehr des Körpers. es 1132

Wippermann: Europäischer Faschismus im Vergleich 1922-1982. NHB. es 1245

Wirz: Sklaverei und kapitalistisches Weltsystem. NHB. es 1256

Wissenschaft im Dritten Reich. es 1306

Wittgenstein: Tractatus logico-philosophicus. es 12

Wünsche: Der Volksschullehrer Ludwig Wittgenstein. es 1299

Ziviler Ungehorsam im Rechtsstaat. es 1214

316/8/6.90